CONTENTS

17 .... 総力特集
手書きノート徹底検証!!

18 .... 大特集!
GoodNotes 5 の使い方
超人気・手書きノートの使い方を完全マスター!

36 .... マークアップ
標準アプリだけでここまでできる!

おすすめ手書きアプリ SELECTION!!!

82 ……………… Frexcil 2
新たなトレンドである、スクラップノートアプリを使いこなそう!

94 ……………… IdeaGrid
斬新なアイデア可視化アプリを使ってみよう!

102 ……………… Planner for iPad
予定管理＋思考の整理を1アプリで!

Interview
Leo Tohyama
「手書きノートのためにiPadを使っています」

iPad Working StyleBook
SPECIAL EDITION!!!

秀逸な手書き
アプリが大充実!
自分の欲しい機能を
持っているアプリを
見つけよう!

今では大人気のiPadの手書きツール!

「GoodNotes 5」や「Noteshelf」、「Notability」など、手書きノートアプリは今、大人気である。Apple Pencilが登場してまもなくのころは、手書きノートの凄さは一部のユーザーにしか認知されておらず、iPadの用途もビューアーとしての側面が多かったが、今では違う。「手書き」に関連するアプリの種類も格段に増え、AppleのApp Storeの人気ランキングでも、仕事効率化ジャンルでの上位には、手書きノートアプリが常連化している。

そもそも手書きのメリットはどこにあるのか?

ここまで手書きノートが人の注目を集めることになった理由はどういうところにあるのだろう。そもそも手書きすることのメリットはなんなのか? いったん、そこを振り返ってみよう。

テキストを入力するなら、パソコンのキーボードを使うのが最速である。ただ、パソコンではやりにくい、キーワードとキーワードの関連性や共通点の発見、重要な部分の強調、キーワードの変更や順番の並べ替え……そのような、漫然としたアイディアを確固たるものにまとめていく作業をiPadとApple Pencilでスムーズに行えるのが手書きノートアプリのメリットである。

書き味は紙とペンそのものといっていいツールを使い、ページ数や紙の大きさも気にせず思いつくままに書き込むことができる。そして、それだけでなく、書き込んだものの位置や大

iPad標準の手書き機能

マークアップ

➡36ページ

Padに標準で備わっている手書き、注釈ツール。ペンの使い分けや、写真への書き込みなども可能だ。サイドカーも便利。

総合型・手書きノート

GoodNotes 5

➡18ページ

書き味、機能、操作性など、どれをとっても最高峰。大人気を誇る、現在の手書きノートを代表する総合型・手書きノートアプリ。

PDF抜き出しツール

Frexcil 2

➡82ページ

PDFやWordなどのオフィスファイルから、重要な部分を抜き出して別のノートにまとめられる凄いアプリ。資料を深く読み込める。

きさ、色を自由に変え、存分に頭の中を整理することが可能だ。いらない文字や絵を消すにも、面倒な消しゴムを使うことなく、投げ縄ツールなどでサクッと消去できる。「考える」という行為にとにかく最適化されたツールといえる。

そのような目的にもっとも適していたのが、GoodNotes 5やNoteshelfであり、多数のアプリに影響を与えた二大巨頭アプリといっていいだろう。

多様化してきた
手書きツールの世界

そして時を戻すと現在は、一気に手書きアプリの多様化が進み、GoodNotes 5やNoteshelfさえ使っていれば完璧！という状態ではなくなってきている。

録音機能が非常に優れつつ、またメインの手書きノートとしてもまったく問題なく使えるNotability。PDFやWordなどのドキュメントから重要事項を抽出して整理できるスクラップ型ノートである「Frexcil」や「LiquidT

ext」、「MarginNote」など。あえて自由を排除し、ルールに従ってアイディアを書き込むことで思考を整理してくれる「IdeaGrid」。スケジュール管理に手書きを使える「Planner For iPad」など、百花繚乱の勢いなのだ。

手書きの良さを
ほかのジャンルのアプリにも！

手書きアプリが増え続けていることの理由としては、もともとの手書きツールのポイントであった「書きながら考えられる」ことのメリットを、さ

**思考分析
アプリ**

IdeaGrid

ピースと呼ばれる四角形にアイデアを書き込んでいくことで、その関係性を可視化できる、ほかに類のない画期的なツール。 →94ページ

**総合型・
手書きノート**

NoteShelf

GoodNotes 5と並んで、大人気を誇る総合型・手書きノート。テンプレートの多さやお気に入りのペンを登録できる機能が人気だ。 →50ページ

**手書きで
スケジュール管理**

Plannner For iPad

デジタルのカレンダーと、手書きのスケジュール帳の両方のメリットを備えた秀逸アプリ。付箋やマスキングテープも便利だ。 →102ページ

ホワイトボード

Miro

複数のメンバーで使えるオンラインホワイトボード。リアルタイムで遠隔で共同作業ができる、時代に即したツール。 →54ページ

らにほかのジャンルのアプリにも柔軟に応用していこう、という考えがあると思う。現在のアプリ開発者からはその方向性への勢いが感じられるようだ。多様な仕事が存在する現在、求められる仕事のジャンルに合った、よりキメ細かい精度を出せる手書きツールが求められており、生まれつつあるのが現在の手書きの活況を支えているように思えるのだ（もちろん、古き時代から開発が続いていて、最近ようやく開花したアプリも存在するだろう。ただそのアプリにしても、GoodNotes 5など成功アプリの影響は受けているのではないだろうか）。

また、Apple Pencilの2世代目が登場し、スマートな充電や、Pencilの携帯性が増したことも大きな要因といえるだろう。

本書では、王道の手書きノートであるGoodNotes 5を大特集という形で紹介しつつ、違った機能を持つ秀逸な手書きツールをセレクトして多数紹介している。また、まったく費用をかけずにiPadとApple Pencilさえあれば、手書きの醍醐味を充分に味わえる標準の「マークアップ」機能も大きく

紹介している。

作業効率や機能の多さだけでなく、操作の随所に「考える」ことのできるポイントが多数用意されているiPadの多彩な手書きツール。ぜひ有効利用して仕事のクオリティアップに役立てていただきたい。

総合型・手書きノート

Notability

録音機能がすごく、そのとき書いたノートにシンクさせて録音音声の再生ができる。ノートアプリとしての完成度も高い。

→56ページ

YouTubeを貼れるノート

スクラップノート

YouTubeの動画を、そのままノートに貼り付けられる。ノート上でYouTubeの再生もできる。VimeoやWeb画面のスクラップも可能だ。

→76ページ

手書き文字をテキスト化

mazec

手書きした文字を自動でテキストデータに変換できる。標準機能のスクリブルを日本語対応させたものと考えればわかりやすい。

→68ページ

ベクター描画できるノート

コンセプト

ベクター形式で描画できる、イラストレーターさんにもおすすめできる超多機能アプリ。キャンバスは無限に拡大できる。

→80ページ

仕事や学習目的でiPadを使うなら、Apple Pencil に対応しているモデルを購入するのがベストだ。 Apple Pencilがあれば、メモやノートの作成、イラスト制作、マインドマップやフローチャート、組織図などを快適に作成できる。

幸いApp Storeで販売されている現行モデルはすべてApple Pencilに対応しているが、モデルの数が多すぎて、どのモデルが自分に適しているかわからない人もいることだろう。そこで、自分の仕事環境に最も適したiPadモデルを選べるようになろう。

今、仕事で使える iPadはこれ!

Apple Pencilが使えるiPadは 3万円台から手に入る!

とにかく低価格でiPadとApple Pencil が使える環境を整えたいなら、iPad 10.2 インチモデルがおすすめだ。最安モデルなら38,280円（税込）で購入でき、Apple Pencil第1世代が利用できる。10.2インチモデルはA4用紙サイズぐらいなので、ちょうどノートを使うような感覚で利用できる点が特徴だ。

メモを取る、PDFの注釈、メールの送受信、オフィスファイルの作成といった作業であればこれまで手書きで使ってきたノートと同じ感覚で快適に作業ができる。

手書き機能を優先し、ノートPCのようなタイピング機能が不要という人に向いている。フロントカメラを搭載しておりインターネット会議もできるので、テレワークにも最適だ。

なお、このモデルはAppleが学生向けにアピールしていることもあり、講義内容を記録したり、参考書の内容のメモを取るなど学生向けiPadとして親しまれている。

Apple Pencilは第一世代のため型落ちとなるが、ペンの使い心地自体はApple Pencil第2世代と何ら変わらず心配することはない。価格も第2世代に比べ低く、よりコストを抑えることができるだろう。

iPad 10.2インチ
第8世代

プロセッサ:A12 Bionicチップ
スピーカー:2スピーカーオーディオ
Apple Pencil:第一世代対応
Keyboard:Smart Keyboard対応
カラー:シルバー、スペースグレイ、ゴールド
価格:38,280円（税込）〜

学習ノートのようにiPadを 使いこなすのに最適モデル!

ビジネスマンならワンランク上の iPad Airを使いこなそう!

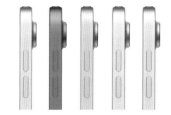

Apple Pencil第2世代が使える高スペックモデル

iPad 10.2インチモデルはコスパは素晴らしいが、利用できるApple Pencilが第1世代なのが欠点だ。Apple Pencilの世代の違いについては後述するが、iPad 10.2インチ並みのサイズと性能で第2世代Apple Pencilを利用したいのであれば、昨年秋に発売されたばかりのiPad Air 10.9インチを購入したほうがよいだろう。

画面サイズはiPadよりやや大きいにも関わらず重量は軽い。また、iPadよりも

CPUスペックが高くもたつきは少なく、iPad Pro並の性能を持つ。カラーもシルバー、スペースグレイ、ローズゴールドの定番カラーに加え、グリーンとスカイブルーというほかのiPadモデルにはないカラーが用意されており非常にファッショナブルだ。

ただし、価格は69,080円（税込）で価格差が約3万円となってしまう。そのため、学生よりも日々の仕事のアイデアやメモの整理、ラフやスケッチなどを描く、ビジネスマンに最適のモデルといっていいだろう。

カラーはシルバー、スペースグレイ、ローズゴールド、グリーン、スカイブルーから選べる。

iPadとの違いはホームボタンがないこととApple Pencilの世代。ただし、電源ボタンでホームボタン同様の指紋認証による操作ができる。本体サイドはマグネットになっており、ここでApple Pencilの充電、収納、ペアリングを行う。

	iPad Pro	iPad Air（第4世代）	iPad（第8世代）	iPad mini（第5世代）
発売日	2020年3月	2020年9月	2020年9月	2019年3月
インチ	12.9インチ（第4世代）、11インチ（第2世代）	10.9インチ	10.2インチ	7.9インチ
プロセッサ	A12Z Bionicチップ	A14 Bionic	A12 Bionicチップ	A12 Bionicチップ
ディスプレイ	Liquid Retina	Liquid Retina	Retina	Retina
充電口	USB-Cコネクタ	USB-Cコネクタ	Lightningコネクタ	Lightningコネクタ
カメラ	背面1,200万画素、1,000万画素超広角カメラ、4Kビデオ撮影	背面800万画素、1080p HDビデオ撮影	背面800万画素、1080p HDビデオ撮影	背面800万画素、1080p HDビデオ撮影
スピーカー	4スピーカーオーディオ	2ステレオスピーカー	2ステレオスピーカー	2ステレオスピーカー
Apple Pencil	第2世代	第2世代	第1世代	第1世代
キーボード	Smart Keyboard Folio、Magic Keyboard	Smart Keyboard Folio、Magic Keyboard	Smart Keyboard	未対応
重量	471g(Wi-Fi版)11インチ 641g(Wi-Fi版)12.9インチ	458g(Wi-Fi版)	490g(Wi-Fiモデル)	300.5g(Wi-Fiモデル)
カラー	シルバー、スペースグレイ	シルバー、スペースグレイ、ゴールド、ローズゴールド、グリーン、スカイブルー	シルバー、スペースグレイ、ゴールド	シルバー、スペースグレイ、ゴールド
価格	93,280円（税込）11インチ（128GB） 115,280円（税込）12.9インチ（128GB）	69,080円（税込）10.9インチ（64GB） 87,780円（税込）10.9インチ（256GB）	38,280円（税込）（32GB） 49,280円（税込）（128GB）	50,380円（税込）（64GB） 49,280円（税込）（256GB）

イラスト制作や映像制作など
クオリティ重視な人向けのiPad Pro

Airと似ているが
さらにスペックは高い

iPad Airとその上位機種であるiPad Proは一見すると違いがわからない。そのため、どちらを買えばよいのか悩んでいる人は多いはずだ。

AirとProで大きく異なる最大のポイントは描画速度だ。単位時間にディスプレイがどのくらい書き換わったかを示すリフレッシュレートを比較するとiPad Proは120Hzだが、iPad Airはその半分の60Hzに留まる。数字が高ければ高いほど処理速度が高速で、低いほど画面の動きのなめらかさや表示にちらつきが出る。

iPadにおいてこのリフレッシュレートの影響は、特にApple Pencilで細かな作業をしているときに現れる。もし、自身がグラフィックデザインや4K映像の動画編集、3Dモデルのデザインなどの仕事をしていて、ちょっとしたApple Pencilの動作や画面表示が気になるのであれば、上位モデルであるiPad Proモデルを選ぶのが無難だろう。

また、iPad ProはiPadモデルの中で唯一の4スピーカーオーディオである点も注意したい。Airはスピーカーの数が2つしかなく音質は明らかに異なる。

Apple Pencilに加え、別売りキーボードMagic Keyboardと組み合わせればノートパソコンとほぼ変わらない。

Apple Pencil（第一世代）

おもにLightningコネクタ搭載のiPadモデルで利用できるApple Pencil。Lightningコネクタに装着してペアリング、充電を行う。長さは17.5センチ。

●価格:11,880円（税込）
●対応モデル
　iPad Pro（12.9インチ）第2世代,第1世代
　iPad Pro（10.5インチ）

iPad Pro（9.7インチ）
iPad Air 第3世代
iPad　第8世代,第7世代,第6世代
iPad mini　第5世代

Apple Pencil（第二世代）

ホームボタンのないiPadモデルで利用できるApple Pencil。iPadの側面に装着してペアリング、充電を行う。長さは16.6センチと第1世代よりも少し短い。また、ペンシル自体をダブルタップして現在使っているツールを消しゴムなどに切り替えたりカラーパレットを表示する機能がある。

●価格:15,950円（税込）
●対応モデル
　iPad Pro（12.9インチ）第4世代,第3世代
　iPad Pro（11インチ）第2世代,第1世代
　iPad Air　第4世代

手帳のように使いたいなら
iPad mini

手のひらに収まる
コンパクトさがメリット

2019年に発売された第5世代となるiPad miniは、以前の世代と異なりApple Pencil第一世代に対応している。7.9インチと非常にコンパクトで軽いのが最大の特徴だ。薄くて軽く、持ち運びやすいデザインなので、携帯性に最も優れている。300グラムを少し超えるほどの軽さで6.1ミリの薄さなので片手で持ち歩ける。

ただ、価格は最安モデルの64GB·Wi-Fiでも50,380円（税込）で、ひとまわり大きいiPadとスペックも同等ながら1万円以上も高く、決してコストパフォーマンスは優れているといえない。また、画面スペースが小さいので、イラストやノートの作成にはあまりむいていない。そのため、営業など日常的に出歩く機会が多く、手帳やスケジュール管理を中心にiPadを利用するビジネスユーザーにおすすめだ。

重さはiPadの3分の2程度で軽く持ちやすい！

新型iPad 2021(第9世代)にも注目!
最新MacBookのM1チップ相当のCPUが搭載!?

2021年にiPad Proの新モデルが発売されるという噂がある。次のモデルで注目されているポイントはMacBookのM1チップに匹敵し、Intel Core i9を上回る処理能力を持つと言われているA14X Bionicが搭載されるかどうかだ。もし、搭載されればiPad上でFinal Cut ProやLogic Proといった高度なグラフィックアプリが実行可能になり、現行のタブレットではほぼパソコンに匹敵する唯一のモデルになると言われている。高度なグラフィック処理を行う予定のユーザーなら、A14X Bionicチップ搭載の次期iPadモデルが出るまで待つのもよいだろう。また、次期iPad ProはThunderboltポートやミニLEDバックライト付きディスプレイが搭載されると予想されている。（執筆：4月7日）

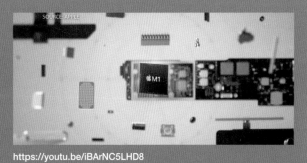

https://youtu.be/iBArNC5LHD8
YouTube「Bloomberg Technology—」チャンネル、「What to Expect From Apple in 2021」より。M1チップ同等の処理能力を持つiPadの存在が告知されている。

本書の使い方

アプリの入手方法について

本書で紹介しているアプリにはiPadに標準で入っているアプリと、App Storeで扱っているアプリの2種類があります。App StoreのアプリはApp Storeアプリでカテゴリから探すか、iPadのカメラアプリを利用して誌面のQRコードを読み取り、インストールしてください。

標準のカメラアプリにQRコードをかざすと読み取ってくれる。

Adobe Acrobat R...

誌面のアプリ紹介部分のQRコードをカメラで読み取ろう。

作...
価格／無料
カテゴリ／ビジネス

もっと基本的なことを知りたい場合は

本書は、ある程度iPadを使った経験がある人に向けて編集していますので、スペースの都合上、iPadの基本的な情報は網羅できておりません。iPadの扱い方の基本は、Appleのサポートサイトで無料で閲覧できる「iPadユーザーガイド」を読むのがオススメです。サイトにアクセスすると、何種類かのユーザーガイドが表示されますが、「iOS 14用」を選びましょう。

Apple製品別マニュアルサイト https://support.apple.com/ja_JP/manuals/ipad

上記サイトにアクセスしよう。iPad以外の製品の解説書も読むことができる。

iPadの基本的な使い方がわかりやすくまとめられている。

WARNING!!

本書掲載の情報は、2021年4月7日現在のものであり、各種機能や操作方法、価格や仕様、WebサイトのURLなどは変更される可能性があります。本書の内容はそれぞれ検証した上で掲載していますが、すべての機種、環境での動作を保証するものではありません。以上の内容をあらかじめご了承の上、すべて自己責任でご利用ください。

総力特集
手書きノート
徹底検証!!
Ultimate Free-Hand Notes!!!!

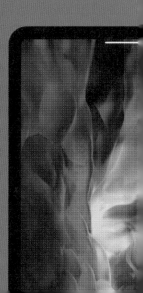

定番の超人気ノートアプリを完全解説！

大特集！
GoodNotes 5の
使い方

....

「GoodNotes 5」はApple Pencilを使って手書きのメモを作成したり、PDFやWordなどの書類に手書きで注釈を入力できる、いわゆる手書きノートだ。このGoodNotes 5は現在、もっとも人気を集めている手書きノートだが、今回はこの大人気アプリに備わっているさまざまな機能を徹底的に解説しよう。

....

名前	GoodNotes 5
作者	Time Base Technology Limited
価格	980円
カテゴリ	仕事効率化

文●河本亮

GoodNotes 5のポイント

1 フォルダを作成して ノートを分類できる

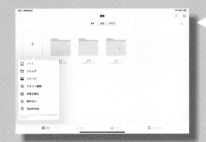

GoodNotes 5最大の長所は、フォルダを使ってノートを分類できること。サブフォルダの作成もできる。ノートをたくさん作ってカテゴリ分類するのに便利だ。

2 思い通りの線や 図形が描ける 高機能ペン

最新版GoodNotes 5では筆圧感度やペン先のシャープさの程度を自分でカスタマイズできるようになり、より思い通りの線、絵が描けるようになっている。

3 多彩な同期や 共有などの 外部連携機能

iCloudを使った同期だけでなく自動バックアップ、データの書き出しなど外部との連携機能が豊富。最新版では共有機能を使って共同作業ができるようになった。

4 手書き文字も テキストも 検索可能

OCR機能を備えた高度な検索機能を使って、手書き文字、PDF上のテキスト、ノートに入力したテキストなどを検索し、分類して検索結果を表示してくれる。

GoodNotes 5の 機能

タブ/フォルダ/筆圧感知/ペン/消しゴム/蛍光ペン/投げ縄/テキスト変換/テキスト入力/
文字検索ズーム/テンプレート/シェイプ/ファイル挿入/マルチタスク対応/レーザーポインタ

ノートやフォルダを 作成しよう

ノートが増えてきたら フォルダを作ってカテゴリ 分類しよう

GoodNotes 5を起動して最初に行うのはノートの作成だ。ノートアプリの「ノート」とは、本のように複数のページ（メモ）が綴じられた状態になっているものを指す。すぐにページを作成できるメモアプリと異なり、ノートアプリではまずノートを作成する必要がある。

GoodNotes 5はノートを複数作成でき、ノートごとに名前や用紙を設定することができる。

また、GoodNote 5にはパソコンのようにフォルダを作成する機能がある。これはほかのノートアプリにはない便利な機能だ。ノート数が増えてきたらフォルダを使って分類しよう。フォルダ内にサブフォルダを作ることも可能だ。

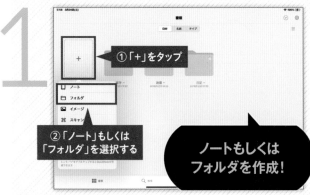

ノートやフォルダを作成するには「書類」画面を開き「新規」をタップすると表示されるメニューから「ノート」をタップする。

ノート作成画面が現れる。表紙、ノート用紙のテンプレートを選択しよう。縦向きにするか横向きにするか選択もできる。設定したら「作成」をタップする。

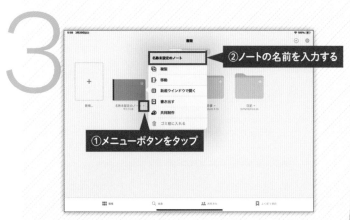

書類画面にノートが追加される。ノート名右にあるメニューボタンをタップすると編集メニューが表示される。ノートの名称を変更したり複製、移動、削除はここから行おう。

POINT

クイックノートで 素早く新規ノートを作成する

GoodNotes 5から新しく追加された「クイックノート」機能を使えば、新規追加ボタンをダブルタップするだけですぐに新規ノートを作成できる。毎回、メニューを表示したりテンプレートを設定する必要がない。

CHECK

書類画面右上の設定メニューの 内容も理解しておこう

書類画面右上には設定ボタンがある。ここをタップすると表示されるメニュー画面からさまざまな操作ができる。クイックノート機能利用時に作成されるノートや用紙の種類はここで設定しておこう。また、誤って書類画面からノートを削除してしまったときは、メニューの「ゴミ箱」からノートを復元することができる。逆にノートを完全に削除することも可能だ。

GoodNotes 5のペンの 種類と特徴を知ろう

3種類のペンと 蛍光ペンを 使いこなそう

GoodNotes 5では、「万年筆」「ボールペン」「筆ペン」の3種類のペンと1種類の蛍光ペンが用意されている。ペンでは標準で15種類のカラープリセットが用意されているが、自分で独自のカラープリセットを作成することもできる。よく利用するプリセットはツールバー右側に登録しよう。素早く切り替えることができる。また、スタイラスやパームリジェクションの感度の設定も行える。

蛍光ペンもペンと同様にツールバー右側に3種類のカラーと3種類のサイズのプリセットを登録することが可能だ。ペンの太さを調整したい場合は、ペンの太さボタンをタップ。スライダーを左右に動かして調整しよう。

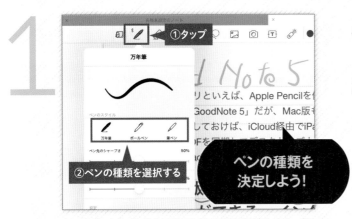

①タップ
②ペンの種類を選択する
ペンの種類を 決定しよう!

ツールバーからペンをタップしてペンの種類を選択しよう。ペン先のシャープさや筆圧感度の調節もできる。

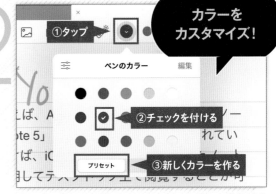

①タップ
カラーを カスタマイズ!
②チェックを付ける
③新しくカラーを作る

カラーをカスタマイズするにはツールバーのパレットボタンをタップ。利用するカラーにチェックを入れよう。「カスタム」から色を新しく作ることができる。

①利用する太さを選択する
②左右にスライドして太さを調節する

ペンの太さを変更するにはツールバーのペンの太さボタンをタップしよう。標準では3種類のサイズが用意されており、各サイズは左右にスライドして自由に調節できる。

自動で直線を補正してくれる 便利な蛍光ペン

POINT

GoodNotes 5では、蛍光ペンで直線を引くと自動的に直線補正する機能がある。重要なメモに対して蛍光ペンを使って下線やハイライトを素早く綺麗に引きたいときに便利な機能だ。

ツールバーの蛍光ペンをタップして 「直線で描く」を有効にしよう。

GoodNotes 5

CHECK

筆圧感度やシャープさを カスタマイズできる

GoodNotes 5はもともと筆圧感度やシャープさの設定が良いノートアプリで人気が高いが、最新版ではペンの設定画面から自分で筆圧感度やシャープさをカスタマイズできるようになった。ただし設定できるのは万年筆と筆ペンのみで、各感度は25%ずつ変更できる。今後はメモするだけでなく、筆圧による筆跡の微妙な違いにこだわりを持つ絵描きやイラストレーターにとっても便利なノートアプリとなるだろう。

消しゴム機能を
チェック！

**豊富な消しゴムの
オプション機能を使いこなそう**

　GoodNotes 5の消しゴムは大、中、小の3つのサイズから選択できる。ペンや蛍光ペンのように細かなサイズ調整ができないのは残念だが、ざっくりした手描きメモの修正であれば問題ないだろう。

　GoodNotes 5には消しゴムを効率的に利用できるオプション機能がいくつか搭載されている。「ストローク全体を消去」を有効にすれば、消去したい線をタップするだけで瞬時に消すことができ、左右上下になぞる手間が省ける。また「蛍光ペンのみ消去」を有効にすれば、通常のペンは残したまま蛍光ペンだけをきれいに消去できる。ページ全体を消去したい場合は、消しゴムボタンをタップしてメニューから「ページを消去」を選択しよう。

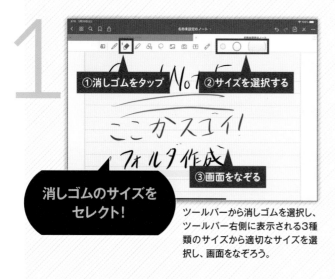

①消しゴムをタップ　②サイズを選択する

③画面をなぞる

消しゴムのサイズを
セレクト！

ツールバーから消しゴムを選択し、ツールバー右側に表示される3種類のサイズから適切なサイズを選択し、画面をなぞろう。

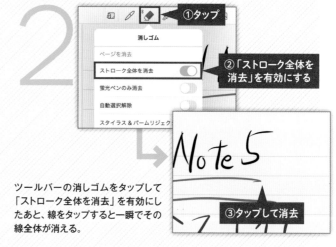

①タップ

②「ストローク全体を
消去」を有効にする

③タップして消去

ツールバーの消しゴムをタップして「ストローク全体を消去」を有効にしたあと、線をタップすると一瞬でその線全体が消える。

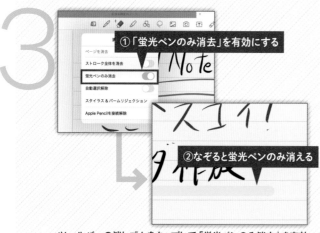

①「蛍光ペンのみ消去」を有効にする

②なぞると蛍光ペンのみ消える

ツールバーの消しゴムをタップして「蛍光ペンのみ消去」を有効にしてなぞると、ストロークを残して蛍光ペンのみ消してくれる。

「自動選択解除」を有効にして
前のツールに切り替える

POINT

消しゴムの設定メニューで「自動選択解除」を有効にすると、消しゴム使用後、ペンを画面から離すだけで自動で直前に利用していたツールに切り替えてくれる。

CHECK

**第二世代Apple Pencilユーザーなら
ダブルタップで消しゴムに切り替え**

　第2世代のApple PencilはiPad標準のスケッチツール使用時にペン軸をダブルタップするとペンと消しゴムを切り替えることができるが、この機能はGoodNotes 5にも対応している。ペンと消しゴムを効率的に切り替えられ非常に便利だ。なお、有効にするには「設定」画面の「Apple Pencil」で「現在使用中のツールと消しゴムの切り替え」にチェックを入れておこう。逆に操作ミスで勝手に切り替わるのが嫌な人は「オフ」にしておこう。

チェックを付ける

GoodNotes 5

投げ縄ツールを使いこなす

**豊富な便利機能を
きちんと
使いこなそう**

　描いた手書きメモから一部を切り取ったり、カラーを変更したり、位置を変更したい場合は投げ縄ツールを使おう。投げ縄ツールは範囲選択した場所を編集できるノートアプリの定番ツールだ。

　GoodNotes 5の投げ縄ツールは機能が非常に豊富。「スクリーンショットを撮る」「サイズ変更」「カラー」などさまざまなメニューが用意されている。特に便利なのはスクリーンショット機能だろう。撮影した対象を共有メニューからメールやほかのアプリと簡単に共有できる。ノートの一部をほかの人と共有する機会が多いユーザーに便利な機能だ。複数のノートから重要な箇所を切り取りスクラップノートを作るときにも役立つ。

1

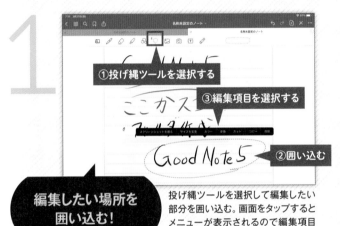

①投げ縄ツールを選択する
③編集項目を選択する
②囲い込む
編集したい場所を囲い込む！

投げ縄ツールを選択して編集したい部分を囲い込む。画面をタップするとメニューが表示されるので編集項目を選択しよう。

2

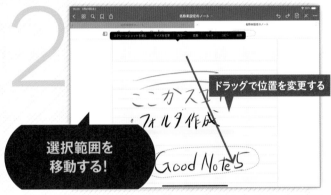

ドラッグで位置を変更する
選択範囲を移動する！

囲い込んだあと、ドラッグすると移動することができる。サイズ変更したり傾きを変更したい場合はメニューから「サイズを変更」を選択しよう。

3

①「コピー」する
拡大/縮小　ペースト
②長押しして「ペースト」を選択する

範囲選択した部分をほかのページにコピーしたり移動したいときはメニューから「コピー」を選択。複製したい場所に移動してノートを長押しして「ペースト」を選択しよう。

! POINT

ペーストするとテキストになってしまうときは？

　iPadのHandoff機能が有効になっているとほかのApple機器とのクリップボード共有機能が働いて、投げ縄ツールでコピーした内容がテキスト化されてしまうトラブルが生じることがある。トラブルを解消するにはiPadの「設定」から「一般」、「AirPlayとHandoff」へ進み「Handoff」をオフにしよう。

オフにする

CHECK

**画像やテキストを分離して
移動させよう**

　画像レイヤーと手書きレイヤーが重なっている状態で投げ縄ツールを利用すると、両方のレイヤーで同時に操作が働き手書き内容が崩れてしまう。画像レイヤーのみ位置やサイズを変更したい場合など、一方のレイヤーだけを操作したい場合は設定を変更しよう。

　たとえば、画像レイヤーのみ移動したい場合は、投げ縄ツールのボタンをタップして「イメージ」のみ有効にすればよい。手書き文字は崩れず画像レイヤーだけ移動できるようになる。

「イメージ」のみ有効にする

画像を読み込み、配置する

さまざまな
オプション機能を搭載
トリミングや共有もできる

GoodNotes 5ではノート上に写真を貼り付けることができる。iPadのアルバムに保存している「ブラウズ」経由でさまざまなアプリから写真を読み込むことが可能だ。読み込んだ写真はサイズや位置を自由に変更できるほかトリミングすることもできる。共有機能を使ってほかのアプリにコピーするこもできる。また、「トリミング」「共有」などが表示される写真の編集画面で写真を長押しして少しドラッグすると写真を複製することができる。投げ縄ツールでコピーするよりも簡単なので知っておこう。事前に「ブラウズ」アプリでほかのアプリを追加しておくことで、DropboxやGoogleドライブなどから写真を挿入することもできる。

ツールバーにある写真アイコンをタップしてiPadから写真を選択しよう。写真が表示されたらドラッグすると移動できる。四隅をドラッグして大きさを変更できる。

写真の上、または横の白い部分をタップするとメニューが表示される。「トリミング」をタップするとトリミング画面が表示され写真をトリミングできる。

編集画面時に写真を長押しして少しドラッグすると右上に緑の追加ボタンが表示される。この状態でドラッグ&ドロップすると写真が複製される。

ほかのアプリから
ドラッグ&ドロップで登録

POINT

ブラウザや写真などアプリを起動中、GoodNotes 5に追加したい写真がある場合は、対象の写真を長押しして、軽く浮いた状態になったらもう片方の手でGoodNotes 5を起動しよう。写真をノート上にドラッグ&ドロップできる。

①別のアプリ上で写真を長押しして浮かせた状態にする

②もう片方の手でGoodNotes 5を起動する

CHECK

Split Viewを使って写真を
ドラッグ&ドロップする

ほかのアプリ上で表示されている写真をGoodNotes 5にコピーする場合、上記で紹介した方法のほかにSplit Viewを使ったコピー方法がある。複数の写真をノートにコピーする場合はこちらのほうが効率的にコピーできるだろう。なお、Split Viewを起動するにはiPad画面下部から上へスワイプしてDockを表示させたあと、Dock上にあるアプリをiPadの画面端へドラッグすればよい。画面が分割されたらアプリ内で表示されている写真を隣のGoodNotes 5にドラッグ&ドロップしよう。

③写真をGoodNotes 5にドラッグ&ドロップ

②アプリを画面端へドラッグ

①下から上へスワイプしてDockを起動

図形作成機能や拡大機能を使おう

**塗りつぶし機能搭載の
シェイプツールが便利**

GoodNotes 5では、きれいにノートを取るための補助的なツールがいくつか用意されている。1つは丸や長方形や三角といった図形をきれいに描くのに便利なシェイプツールだ。GoodNotes 5のシェイプツールは、ペンツールと同じくカラーと太さを選んでから利用する。以前はペン先を選択できたが現在はできない。また、塗りつぶし機能で描いた図形の中を指定した色で塗りつぶすことができる。図形作成時、ペンを離さず左右にスライドすると図形の角度を変化させることも可能だ。

小さい字を書きたいときはズームツールを使おう。有効にして、ノート上に表示される拡大鏡を書き込み予定の場所へ移動させよう。その場所を拡大して書けば、小さな文字でも快適に書ける。

丸や四角など図形を描く!

ツールバーからシェイプをタップする。丸や四角や三角などの図形を描いてみよう。きれいな図形が描ける。

線の太さや色を変更する

ペンの太さやカラーを変更することもできる。ツールバー右側のペンの太さとカラーを選択しよう。

自動塗りつぶしが便利!

図形の内側を塗りつぶしたい場合は、ツールバーのシェイプをタップして「塗りつぶしのカラー」を有効にしよう。図形を描いたあと、自動で内側を塗りつぶしてくれる。

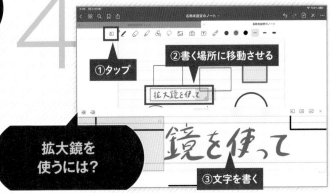

拡大鏡を使うには?

拡大鏡を使って小さな文字を書くときはツールバーからズームをタップする。表示される青い枠組みを書く場所に移動したら、下部拡大パネルで文字を書こう。

CHECK

**レーザーポインターと
プレゼンテーションモード**

GoodNotes 5のノート内容を会議のプレゼンテーションなどでそのまま利用したい場合は「プレゼンテーションモード」を利用しよう。HDMIやAirPlayを利用してテレビやプロジェクターにミラーリング表示させることができる。また、同時にレーザーポインターを有効にすれば、Apple Pencilで触れた部分にレーザーポインタを表示することができる。会議だけでなく、GoodNotes 5に授業用のノートを作成している教師や講師にもおすすめの機能だ。

①共有メニューをタップ
②プレゼンテーションモードの設定
③レーザーポインターを表示させる

テキストツールで文字入力する

テキストボックスを使って装飾テキストを入力できる

GoodNotes 5では、キーボードを使ってテキスト入力をすることもできる。入力したテキストはドラッグで自由に位置を変更したり、サイズ、カラー、フォントの種類などをカスタマイズすることができる。

また、テキストボックスメニューから、入力したテキストの背景カラーやテキスト周囲の枠線の太さやカラー、シャドウなどの設定をカスタマイズでき、ワープロアプリのような凝ったテキスト装飾をすることも可能だ。作成したテキストボックスはプリセットとして保存できるので、何度も利用するテキストボックスは保存しておこう。

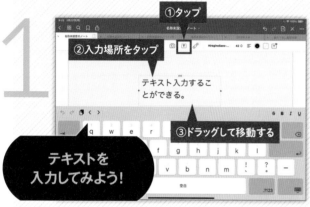

ツールバーからテキスト入力ボタンをタップして、テキスト入力したい部分をタップする。キーボードが表示されたら入力をしよう。ドラッグして位置を移動することができる。

テキストボックスを使って装飾テキストを作成することもできる。ツールバーのテキストボックスボタンをタップして、背景カラーや枠線のカラーを指定しよう。

作成したテキストボックスのフォーマットを保存して何度も利用する場合は、保存ボタンをタップして「デフォルトとして保存」をタップしよう

POINT

テキストボックス上のメニューにも注意しよう

入力したテキストボックスの端にある青いボタンをドラッグすると、テキストの折返し位置を調節できる。また、テキストボックスをタップするとメニューが表示され、コピーしたり編集ができる。

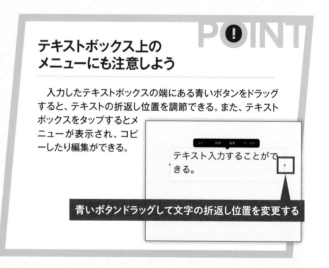

青いボタンドラッグして文字の折返し位置を変更する

CHECK

ブログやウェブサービスのバナー作成にも使えるほど便利

GoodNotes 5のテキスト装飾機能は非常に高機能だ。背景や枠線を付けるだけでなくシャドウを付けたり、フォントの種類も自由に変更できる。作成したテキストは投げ縄ツールで囲んでスクリーンショットで保存すれば画像ファイルとして保存できるので、ブログやウェブサービスのバナー作りとしても活用できるだろう。

バナー作成後、スクリーンショット撮影して保存しよう

手書き文字を
テキスト化する

投げ縄ツールを使ってテキスト化しよう

GoodNotes 5では、ノートに入力した手書き文字をテキストに変換することができる。テキスト化することでほかのメールやメッセージなどテキスト入力を行うアプリに内容をコピーすることが可能になる。手書き文字よりも文字が小さく整頓されるので、ノート内の情報を圧縮したいときにも便利だ。

手書き文字をテキスト化するには、投げ縄ツールを利用しよう。対象を範囲選択したらタップしてメニューを表示させ「変換」を選択する。テキストが変換されるのでそれをコピーしたりほかのアプリで共有しよう。なお、標準では日本語を認識してくれるが、言語設定を変更することで、英語や中国語などほかの言語の手書き文字もテキスト化できる。

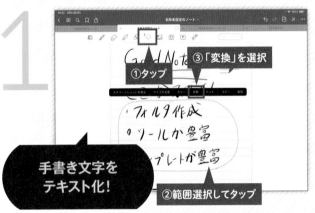

①タップ **③「変換」を選択**

②範囲選択してタップ

手書き文字をテキスト化!

投げ縄ツールを有効にして対象となる部分を範囲選択し、画面を一度タップするとメニューが表示される。「変換」を選択する。

共有メニューをタップ

テキストを利用するには

テキスト変換ボックスが表示され手書き文字が変換される。右上の共有メニューをタップして、コピーやほかのアプリと共有できる。

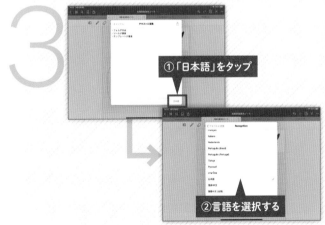

①「日本語」をタップ

②言語を選択する

日本語だけでなくほかの言語にも対応している。テキスト変換ボックス右下にある「日本語」を選択して、言語を選択しよう。

①共有メニューをタップ

②「"ファイル"に保存」を選択する

テキストとして保存する!

テキストファイル（.txt）として保存することもできる。作成した長文の手書きは一度テキストファイルにして保存したほうがよいだろう。

CHECK

スクリブル機能を使って手書き文字をテキストに変換する

iPadOS 14で新しく追加された手書き文字を自動でテキストに変換してくれる「スクリブル」機能は、GoodNotes 5にも対応している。使い方はテキスト入力ボタンを有効にしたあと、ノート上に直接手書きで文字入力すればよい。入力後、自動でテキストボックスが作成される。残念ながら日本語には現在対応していない。

①テキスト入力ボタンをオンにする

②Apple Pencilで直接文字を入力する

PDFを読み込んで
注釈をつける①

**PDFファイルの
好きな場所に
画像を添付できる**

GoodNotes 5は既存のPDFやWord、PowerPointなどを読み込んで表示し、また、ペンやマーカーなどのツールを使って直接手書きの注釈を付けることができる。読み込んだPDFはノート単位で管理される。

PDFファイルを読み込むには、書類画面の新規作成メニューで「読み込む」からiPadに保存されているファイルを選択しよう。Split Viewでドラッグ＆ドロップでGoodNote 5に追加して開くこともできる。

なお、WordやPowerPointなども読み込むことができるがフォントが変わったり、レイアウトが崩れたりする場合もあるので注意しよう。

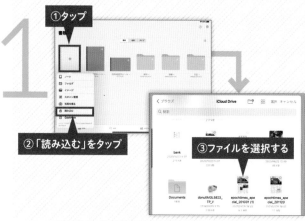

①タップ
②「読み込む」をタップ
③ファイルを選択する

書類画面で新規作成ボタンをタップして「読み込む」を選択。ウインドウが開いたら対象のPDFを選択しよう。

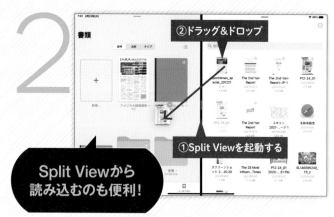

②ドラッグ＆ドロップ
①Split Viewを起動する

**Split Viewから
読み込むのも便利！**

Split Viewの状態にしてほかのアプリ上にあるPDFをドラッグ＆ドロップで書類に移動させて読み込むこともできる。

ペンツールでドローイングする

**手書きで注釈を
入れよう！**

PDFを開いたらペンやマーカーで注釈を入力しよう。ただし、PDF注釈アプリのように注釈コメントを付けることはできない。ドローイング専用と考えよう。

写真アイコンから写真を読み込む

**写真を読み込んで
活用する！**

PDF内の写真変更の指示をするときに便利。変更に利用する写真を直接読み込んで、指示することができる。

CHECK

**読み込んだPDFに
表紙を付けるには？**

PDFファイルを書類画面に登録すると標準ではPDFの最初のページが表紙に設定され、サムネイル表示される。ほかのノートのように表紙を設定したい場合は、右上のページ追加ボタンから「テンプレートからその他の選択」で表紙を追加したあと、先頭に並びかえればよい。

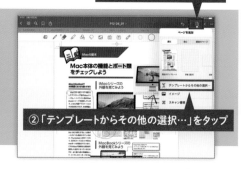

①ページ追加ボタンをタップ
②「テンプレートからその他の選択…」をタップ

PDFを読み込んで
注釈をつける②

閲覧モードに変更して さらに注釈を 使いこなす

GoodNotes 5に読み込んだPDFに注釈を入力する際、閲覧モードにすることでさらにPDFが快適に扱えるようになる。ツールバーが消え、ツール機能が無効になり、Apple Pencilで画面上をドラッグするとページがスクロールするようになる。

本来はノートを閲覧するためのモードだが、このモードにすることでApple PencilでPDF上のテキストを範囲選択して、ハイライトや打ち消し線、辞書、コピーなどの操作ができるようにもなる。なお、編集モードの場合でも指で長押しすることでテキストの範囲選択や注釈を付けることは可能だ。範囲選択のメニューから付けた注釈は、編集モード時の消しゴムで消すことができる。

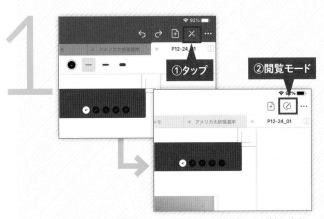

閲覧モードに変更するには、画面右上の編集モードボタンをタップしよう。ツールバーが消え、ボタンが閲覧モードに変更する。

①タップ
②閲覧モード

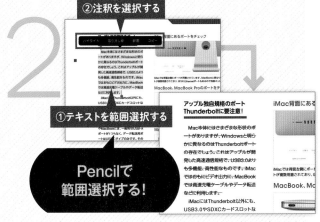

②注釈を選択する
①テキストを範囲選択する

Pencilで
範囲選択する!

注釈を入力したい部分をApple Pencilで範囲選択しよう。メニューが表示されるので利用する注釈を選択しよう。

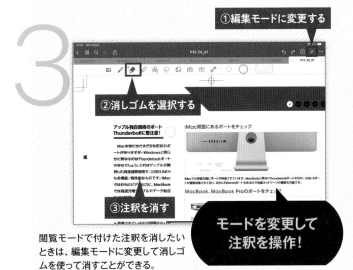

①編集モードに変更する
②消しゴムを選択する
③注釈を消す

モードを変更して
注釈を操作!

閲覧モードで付けた注釈を消したいときは、編集モードに変更して消しゴムを使って消すことができる。

POINT

既存のノート内に PDFをインポートする

PDFは新規に読み込むだけでなく、既存のノート内に読み込むこともできる。読み込みたいノートを開いて読み込む位置を開き、右上にある追加ボタンをタップして「読み込む」からPDFを選択しよう。

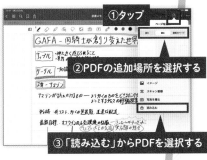

①タップ
②PDFの追加場所を選択する
③「読み込む」からPDFを選択する

CHECK

ノートにアウトラインを 追加する

GoodNotes 5ではノートにアウトラインを追加できる。ノート内の重要なページをすぐに開きたいときや目次のようなものを作りたいときはアウトラインを活用しよう。作成したアウトライン名をタップすれば、すぐにそのページを開くことができる。右上のメニューボタンをタップして「このページをアウトラインに追加」をタップしよう。

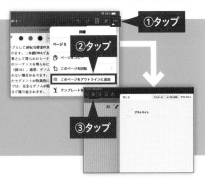

①タップ
②タップ
③タップ

テンプレートを
活用

**カスタマイズ性の高い
テンプレート**

GoodNotes 5にはノートを取る際に便利な、多彩なテンプレートが搭載されている。テンプレートを利用するにはページ追加画面から好きなデザインを選択すればよい。ノート内に指定したテンプレートが新規ページとして挿入される。標準はイエローだが、用紙カラーや版型を自由にカスタマイズすることが可能だ。

現在開いているノートのテンプレートを変更したいときは、右上端の設定メニューから「テンプレートを変更」を選択しよう。

また、新規ノート作成時に標準で利用する用紙テンプレートを選択することができ、さらにノート作成時には、表紙デザインもテンプレートから自由にカスタマイズでき、これらのテンプレートは無料で利用することができる。

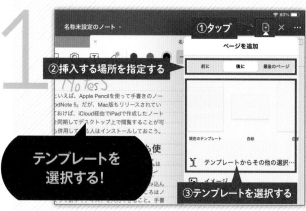

**テンプレートを
選択する！**

①タップ
②挿入する場所を指定する
③テンプレートを選択する

ノート画面で右上にある追加ボタンをタップする。テンプレートを挿入する場所を指定して、利用するテンプレートを選択しよう。

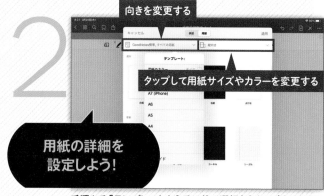

向きを変更する
タップして用紙サイズやカラーを変更する

**用紙の詳細を
設定しよう！**

手順1で「テンプレートからその他の選択」をタップするとテンプレート画面に切り替わる。さまざまな種類のテンプレートが選択できる。また、用紙サイズや用紙カラー、用紙の向きを変更することもできる。

**新規ノート作成時
にも設定できる！**

①追加をタップ
②「ノート」をタップ

書類画面での新規ノート作成時に標準で利用する用紙を設定することもできる。また、表紙カバーもテンプレートから選択して利用できる。

オリジナルの
表紙を作成する

POINT

テンプレートは標準で用意されているものを利用するだけでなく、自分で作成することもできる。書類画面右上の設定メニューをタップして「ノートのテンプレート」を選択し、右上の「+」をタップしてグループ名を付けてテンプレートに利用する写真を読み込もう。

①タップ
②グループ名をつける

**オリジナルのテンプレート用紙も
書類から作る必要がある**

用紙のオリジナルテンプレートを作る場合、ノート画面のテンプレート設定画面から作成することはできない。表紙のテンプレート作成と同じく、書類画面の右上にある設定メニューにある「ノートのテンプレート」を選択して、テンプレート作成画面から作成しておく必要がある。作成方法は表紙とまったく同じだ。作成後、テンプレート画面にオリジナル用紙が表示され利用できるようになる。

**用紙のオリジナルテンプレートも
書類画面から作成する**

ノートを
iCloudで同期する

ノートの
バックアップには
iCloudが便利

GoodNotes 5は汎用性が高いアプリで、iPadだけでなくiPhone版やMac版もリリースされており、iCloudを利用することで作成したノートを同期することができる。iPadで作成したノートをスマホで閲覧したり、デスクトップで編集することが可能だ。

また、iCloudにデータをバックアップしておくことで機種変更したときやiPadを初期化してアプリを再インストールしたときでもすぐに以前の状態に戻すことができる。iCloudの設定は書類画面右上にある設定メニューからiCloudを有効にしておこう。もちろん、iPhone版やMac版のGoodNotes 5も同じくiCloudを有効にしておく必要がある。

iCloudの設定を確認!

「GoodNotes」を有効にする

iPadの「設定」アプリを開き、Apple IDをタップして「iCloud」の設定で「GoodNotes」を有効にしておこう。

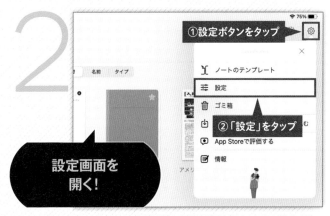

①設定ボタンをタップ

②「設定」をタップ

設定画面を開く!

GoodNotes 5を起動して書類画面を開く。右上の設定ボタンをタップして「設定」をタップしよう。

「iCloud設定」をタップ

「iCloudを使用」を有効にする

設定画面が開く。「iCloud設定」をタップして、「iCloudを使用」を有効にしよう。これで作成したノート内容が自動でiCloudにバックアップされる。

iOS、Mac機器で同期できる!

iPhoneやMac版のGoodNotesを利用している人は、同じようにiCloudを有効にしよう。iPadで作成したノートを同期できるようになる。

GoodNotes 5

CHECK

GoodNotes 4で利用していた
データを引き継ぐ

GoodNotes 5は、以前のGoodNotes 4からアップデートされたものだが初めてGoodNotes 5を使ったときにiCloudに保存していたGoodNotes 4のデータを自動的に引き継ぐことができない。GoodNotes 4のデータを引き継ぐには、書類の設定メニューから「GoodNotes 4からデータを読み込む」を選択しよう。iCloudに残っているGoodNoteS 4がインポートされる。

「GoodNoteS 4からデータを読み込む」を選択

手動でデータを指定した場所に
バックアップする

ZIPファイル形式で
バックアップする

GoodNotes 5ではiCloud以外にもデータをバックアップする方法がたくさん用意されている。GoodNotes 5ライブラリ

のすべてのフォルダと書類をZIP形式のアーカイブにして出力することができる。iCloudのデータ損失に備えてほかの場所にもバックアップできる。バックアップは書類画面の設定メ

ューの「バックアップデータ」から行える。

また、バックアップしたデータを読み込む手順も知っておこう。設定メニューに復元項目がないので戸惑うかもしれない

が、方法は簡単。書類の新規作成の「読み込む」からzipファイルを選択すればよい。

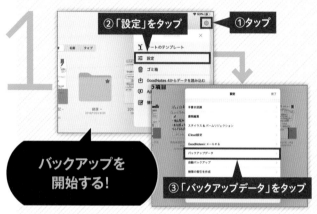

書類画面を開き右上の設定ボタンをタップして「設定」を選択する。メニュー画面から「バックアップデータ」を選択する。

バックアップデータ画面が表示される。「今すぐバックアップ」をタップする。バックアップデータの作成が終わったらDropboxやファイルアプリなどから保存先を選択しよう。

バックアップしたZIPファイルを読み込むには、書類画面の新規作成ボタンをタップして「読み込む」からファイルを選択しよう。

！POINT
ノート内の一部を切り取る
だけなら投げ縄ツールを使う

ノート内の一部だけを簡単にコピー＆保存したいなら、投げ縄ツールで対象を囲い込み「スクリーンショット」を選択して、共有メニューから保存先を選択しよう。

CHECK

GoodNotes 5は
自動バックアップ機能がある

GoodNotes 5では通常のZIPファイルでのバックアップとは別に自動バックアップ機能が用意されている。保存形式はPDFもし

くはGoodNotes形式となり、保存先はDropboxやGoogleドライブなどのクラウドストレージを選択する必要がある。バックアップしたデータを読み込む方法は、通常のバックアップデータの復元方法と同じで、書類画面の新規作成画面の「読み込む」から行おう。

書類画面の設定メニューから「自動バックアップ」を選択

ファイルを形式を変えて書き出す

ノート単位、ページ単位多様な書き出し方法

GoodNotes 5はノートやノート内の一部のページを外部に書き出すことができる。PDF形式やイメージファイル（JPG）として出力できるので汎用性が高く、ほかのユーザーやデバイスと手軽に共有することができる。単純にバックアップ方法の1つとしてこうした形式で書き出すのもよいだろう。

GoodNotes 5の書き出し方は非常に多様で、複数のノートをまとめて書き出したり、ノート内から複数の特定のページだけを指定して書き出すこともできる。ほかにフォルダ単位で書き出すこともできる。環境に応じてベストな書き出し方法を選択しよう。

書き出したいノートを選択！

①タップ

③「書き出す」をタップ

②ノートを選択する

書類画面右上にある選択ボタンをタップして、書き出したいノートを選択する。上部メニューから「書き出す」をタップしよう。

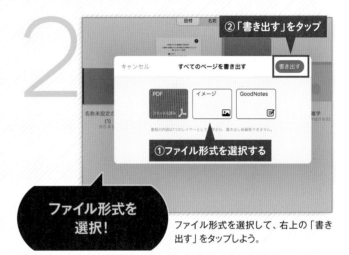

②「書き出す」をタップ

ファイル形式を選択！

①ファイル形式を選択する

ファイル形式を選択して、右上の「書き出す」をタップしよう。

特定のページを書き出すには？

①タップ

このページを書き出す

②タップ

特定のページを書き出したい場合は、対象のページを開き左上の共有メニューをタップして「このページを書き出す」を選択しよう。

①サムネイルボタンをタップ

③「書き出す」をタップ

書き出すページを個別に選択！

②ページを選択する

複数のページをまとめて書き出すには左上のサムネイルボタンをタップし、対象のページにチェックを入れて「書き出す」をタップ。

CHECK

出力したノートを再編集するならGoodNotes 5形式で出力しよう

ノートを外部へ書き出す際、PDF、イメージファイル（jpeg）のほかにGoodNotes 5形式が用意されている。もし、外部出力したノートを再編集する予定があるなら必ずGoodNotes 5形式で出力しよう。一度書き出したPDFをもう一度GoodNotes 5に読み込んでも、以前入力した注釈を消しゴムで消したり変更することはできない。また、Adobe Acrobat ReaderやPDF Expertと異なり、GoodNotes 5で入力した注釈はほかのPDFアプリで閲覧は可能なものの、編集はできない点にも注意しよう。

ページのコピー、移動をする

「サムネール」タブでページ操作を行おう

GoodNotes 5のノート内で作成したページの並び順を変更したくなった場合は、「サムネール」タブに切り替えよう。ノート内のページがサムネイルで表示されたら対象ページを変更先の場所へドラッグ＆ドロップすればよい。

ノート内の特定のページをほかのノートに移動したい場合は、「サムネール」タブで対象のページすべてにチェックを入れコピー状態にする。次に移動先のノートのサムネイルビューを開きメニューから「ページをペースト」を選択しよう。なお、開いているページのコピーだけなら、ページ右上のメニューの「ページをコピー」から行える。

1

②「サムネール」をタップ

①タップ

ドラッグで移動させる！

③ドラッグする

ページの並べ順を変更するにはノートを開き、左上のサムネイルボタンをタップする。「サムネール」タブを開き、ページを長押しして移動したい場所にドラッグしよう。

2

②「コピー」する

別のノートに移動させる！

①チェックを付ける

ページをほかのノートに移動したい場合は、「サムネール」タブで、対象のページにチェックを付けて「コピー」を選択する。

3

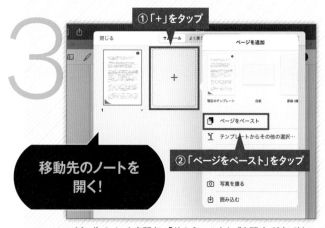

①「+」をタップ

②「ページをペースト」をタップ

移動先のノートを開く！

コピー先のノートを開き、「サムネール」タブを開く。追加ボタンをタップして「ページをペースト」を選択するとコピーしたページが貼り付けられる。

POINT

特定のページの前後にコピーしたページを追加する

コピーしたページをほかのノートにペーストすると標準では一番最後に追加される。特定のページの前後に追加したい場合は、追加したいページの右下にあるメニューをタップして「ページを追加（前に）」か「ページを追加（後に）」を選択しよう。

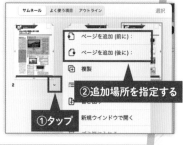

①タップ

②追加場所を指定する

CHECK

ドラッグ＆ドロップで素早くノートをコピーする

複数のページをまとめて移動する場合、「サムネール」タブで選択した状態にしてメニューからコピーをする必要があるが、もっと素早く操作をしたいならドラッグ＆ドロップ操作を覚えよう。複数のノートを選択したあと長押しすると浮き上がった状態になる。指を離さないようにしてほかのノートの「サムネール」タブを開き、ドロップするとペーストできる。

長押しして浮いた状態であればGoodNotes 5を閉じてもまだコピー可能状態になっている

ノート、PDFを管理する

**検索機能や
お気に入りを
うまく使おう**

GoodNotes 5で作成したノートから目的のノートやページを素早く探して表示させたいときは検索機能を利用しよう。検索機能はメイン画面の下部メニューにある「検索」画面から行える。

GoodNotes 5の検索機能は、すべてのフォルダやノート内を横断検索でき、テキストだけでなく手書き文字やPDF内の文字もまとめて検索することができる。検索結果画面では「タイトル」「手書きメモ」「PDF」「タイプしたメモ」などに分類して表示してくれるので、目的のノートがすぐに取り出せる。ほかに、アウトライン名からノートを探すことも可能だ。

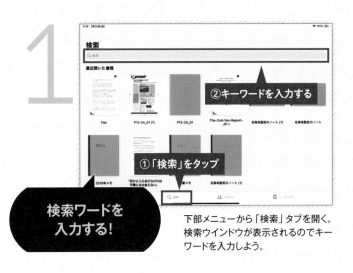

検索ワードを
入力する!

下部メニューから「検索」タブを開く。検索ウインドウが表示されるのでキーワードを入力しよう。

検索結果が
表示された!

検索結果が表示される。タイトル、手書き文字、PDF内のテキスト、ノートに入力したテキストなどかなり細かく分類して結果を表示してくれる。

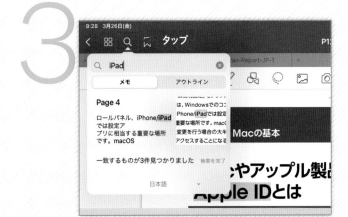

特定のノート内から検索することもできる。ノートを開いて左上の検索ボタンをタップしてキーワードを入力しよう。

POINT

よく使うノートやフォルダは「よく使う項目」に登録する

GoodNotes 5を起動するたびによく利用するノートやフォルダは「よく使う項目」に登録しておこう。お気に入りから素早く開くことができる。ノートやフォルダ右上の星をタップするとお気に入り登録ができる。

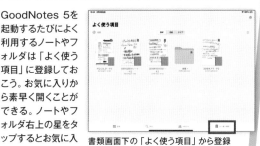

書類画面下の「よく使う項目」から登録したノートやフォルダにアクセスできる。

CHECK

**最新バージョンでは
共同制作機能が追加**

GoodNotes 5の最新版では新たに共同制作機能が追加され、各ノートに共有リンクを作成することで複数のユーザーでノートを共有して作業することができる。ただし、相手もGoodNotes 5アプリを利用している必要がある。共有状態にあるノートは下部メニューの「共有済み」で管理できる。

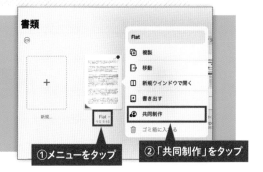

①メニューをタップ　②「共同制作」をタップ

標準アプリだけでもここまでできる!
さまざまな使い方ができる便利ツール

マークアップ

・・・・・・・・・・

メモを手書きする、図やイラストを手描きするなら、さまざまな標準アプリで使える「マークアップ」が、その入門編として最適だ。特にApple Pencilとマークアップを組み合わせて使うことで、その活用と表現の幅が劇的に広がるはずだ。

・・・・・・・・・・

文●小原裕太

マークアップの**ポイント**

1 さまざまな標準アプリで使える

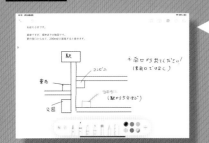

「メモ」や「写真」、Safari、Pages、Numbers、Keynoteなど、多くの標準アプリが、手書き用のツールがまとめられたマークアップに対応している。

2 Apple Pencilと相性抜群!

Apple Pencilと組み合わせることで、その傾きや筆圧に応じて変化する線を描ける。さらに、フリーハンドではぶれがちな線を、キレイに自動修正してくれる機能も備わっている。

3 画像やPDFに手描きできる

白紙だけではなく、画像やPDFの文書にも手書きすることができる。画像にユニークなひと言を添えたい、レビュー用のPDFに注釈を書き込みたいといった場合に利用しよう。

4 Macとシームレスに連携!

Macを持っているなら、サイドカーという機能を使って、手書きができないMacのPDFなどに、iPadから直接手書きできる。その際、ファイルのやり取りやケーブル接続は必要ないのがうれしい。

マークアップの **機能**

ペン、マーカー、鉛筆、消しゴム、投げ縄ツール、カラーパレット、定規、線の自動修正、サイドカー、手書き文字の選択

純正メモアプリで
手書きを活用する

1

マークアップツールを起動する

マークアップボタンをタップ

メモを編集可能な状態にしておき、画面右上にあるマークアップボタンをタップする。

2

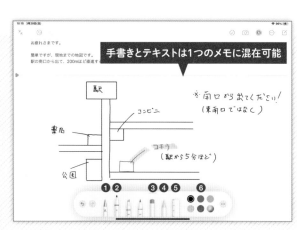

手書きとテキストは1つのメモに混在可能

❶ **スクリブルツール**／手書きで入力した文字をテキストに自動変換する。

❷ **描画ツール**／ペン、マーカー、鉛筆の3種類の描画ツールを選択できる。描画ツールの線の太さも変更可能。

❸ **消しゴム**／なぞると描画ツールによる描画を消すことができる。

❹ **投げ縄ツール**／描画ツールの線の太さも変更可能。オブジェクトを囲んで選択できる。

❺ **定規**／定規を表示して正確な直線を描くことができる。

❻ **カラーパレット**／ペンの色を切り替えられる。

3

オンにする

ロック画面からすばやく手書きを始める

「設定」アプリで「メモ」をタップし、「ロック画面からメモにアクセス」をタップして「オン」にしておく。

4

どこでもいいのでApple Pencilでタップ

Apple Pencilでロック画面のどこでもいいのでタップすると、メモアプリと同時にマークアップツールが起動して、すぐに手書きを始められる。

マークアップツールの基本的な使い方を覚える

　純正のメモアプリでマークアップツールを利用するには、メモを編集可能な状態にしておき、画面右上にあるマークアッ

プボタンをタップする。マークアップのツールバーが画面下に表示されたら準備完了。好きなペン、好きな色を選んで、iPadの画面上にメモを手書きしよう。手書きは指、あるいはスタ

イラスペンでも行えるが、その場合は「設定」アプリの「Apple Pencil」で「Apple Pencilのみで描画」をオフにしておく。

　Apple Pencilを持っているなら、iPadのロック画面からす

ばやくメモアプリとマークアップツールを呼び出すことができる。あらかじめロック画面からのマークアップツール起動をオンにしておくといいだろう。

● マークアップ

ペンの太さやカラー、投げ縄ツールを使いこなそう

○●○○○○○

1

多彩な線を描くことができる

ペンの傾きによって線が変わる

ペンをタップして太さや透明度を変更できる

Apple Pencilで手書きする際の傾きや筆圧に応じて線の描画が変化する。描画ツールをタップすれば、線の太さや色の透明度を変更可能。

2

色の変更も自由自在

カラー

グリッド　スペクトラム　スライダ

好きな色を選ぶことができる

100%

タップする

カラーパレット右下のアイコンをタップすると、最初から用意されているもの以外の色を選択できる。色の選択方法は「グリッド」「スペクトラム」「スライダ」の3種類から切り替えられ、不透明度も変更可能。

3

図を囲む

投げ縄ツールで図を移動する

投げ縄ツールをタップ

投げ縄ツールをタップして、移動させたい図や線の周囲をペンデバイスで囲むようになぞると、選択される。この状態でドラッグすると、選択範囲の図を移動することができる。

4

手書き文字を1文字単位で移動する

ダブルタップで手書き文字を選択できる

手書きした文字は、ダブルタップで選択、そのままドラッグして移動できる。「A」や「朝」などのように、ひと筆書きでは書けない文字も1文字として認識され、選択できるのが便利。

有料アプリ並みの多彩な機能が使える

最初から付属しているアプリだから、それほど多機能ではないというのは、純正メモアプリのマークアップツールに限っては完全な誤解。Apple Pencilとセットで使えば、ペンデバイスの傾きと筆圧によってさまざまな線種を描くことができるうえ、線の太さ、色、さらに色の透明度まで、きめ細かく設定できるので、本格的なイラスト制作ツールとしても十分に利用可能だ。

マークアップツールの機能の中では、投げ縄ツールも便利。ツールを使って囲んだ線や図は選択され、選択した状態でドラッグすれば、メモ内の他の場所に簡単に移動できる。また、手書きした文字単位で選択したい場合は、目的の文字をダブルタップしよう。

図形や直線も
キレイに描くことができる

○○●○○○○

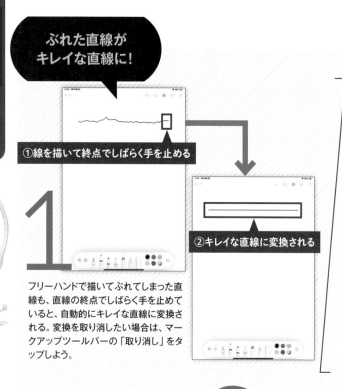

**ぶれた直線が
キレイな直線に!**

①線を描いて終点でしばらく手を止める

1

②キレイな直線に変換される

フリーハンドで描いてぶれてしまった直線も、直線の終点でしばらく手を止めていると、自動的にキレイな直線に変換される。変換を取り消したい場合は、マークアップツールバーの「取り消し」をタップしよう。

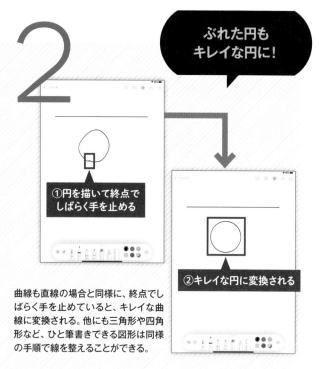

**ぶれた円も
キレイな円に!**

2

①円を描いて終点でしばらく手を止める

②キレイな円に変換される

曲線も直線の場合と同様に、終点でしばらく手を止めていると、キレイな曲線に変換される。他にも三角形や四角形など、ひと筆書きできる図形は同様の手順で線を整えることができる。

3

パレットの定規をタップすると直定規が表示され、それに沿ってなぞることで直線が引ける。直定規はドラッグで移動、2本指で回転させることができる。

定規を使用する

マークアップツールバーを移動する

マークアップツールバーは、初期設定では画面下中央に表示されるが、これは画面上、左右に移動させることができる。移動させるには、ツールバー中央上のグレーのインジケータ部分を目的の位置にドラッグすればいい。なお、ツールバー右端の「…」をタップして「自動でしまう」をオンにすると、パレットを使わないときは非表示になる。

ドラッグすると画面四辺のいずれか中央に移動できる

POINT

**フリーハンドで
キレイな線が描ける**

　フリーハンドでキレイに線を引いたり、図形を描いたりするのは案外難しいもの。しかし、マークアップにはそれを可能にし

てくれる便利機能がいくつか搭載されている。その1つが自動整形機能だ。これは直線や円、その他の図形など、フリーハンドで描くとどうしても線がぶれてしまうものを、自動的にキレイな

線に変換してくれるものだ。ひと筆書きできるものに限られ、なおかつApple Pencil利用時にしか使えない機能だが、地図や図面などを描くときに重宝するので役立てたい。直線をキレイ

に描く用途であれば「定規」も便利。定規に沿って描くことでぶれのない直線になり、定規を回転させることで、正確な角度で直線を引くことができる。

マークアップ

マークアップツールで
写真やPDFに注釈を入れよう

○○○○●○○

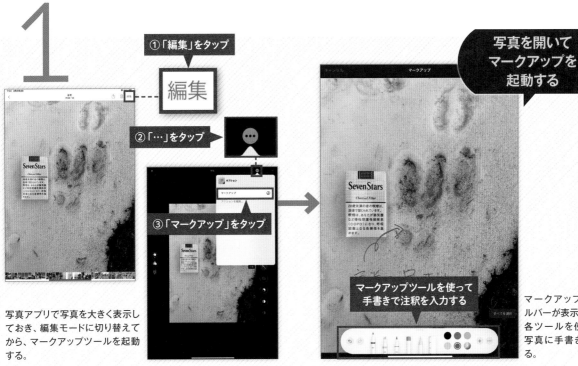

1

①「編集」をタップ

編集

②「…」をタップ

③「マークアップ」をタップ

写真を開いて
マークアップを
起動する

マークアップツールを使って
手書きで注釈を入力する

写真アプリで写真を大きく表示し
ておき、編集モードに切り替えて
から、マークアップツールを起動
する。

マークアップツー
ルバーが表示され、
各ツールを使って
写真に手書きでき
る。

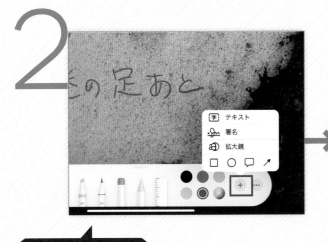

2

字 テキスト
署名
拡大鏡
□ ○ 💬 ↗

Helvetica
Georgia
Noteworthy

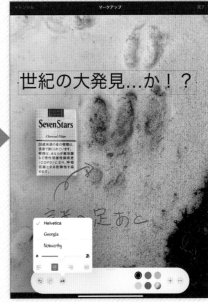

世紀の大発見…か！？

写真上にテキストを
入力する

四角やフキダシを入れ
たり、テキスト入力した
りするには、ツールバー
右端の「+」をタップし
て、目的の機能を呼び
出そう。テキスト入力時
にはツールバーの内容
が変わり、サイズやフォ
ントなどを変更できる。

**開いている写真やPDFに
手書きで文字を入力
できる便利な注釈機能**

マークアップはメモアプリだけ
でなく、写真アプリなど、画像や
PDFを扱うアプリでも呼び出して
利用できる。メモアプリと同様に
各種ペンや鉛筆などの描画ツー
ルを使って手書きできることに加
え、四角形や円、吹き出し、矢印
といった図形を挿入することがで
きるので、画像やPDFに注釈を
入れたり、説明を加えたりしたい
場合に便利だ。

また、キーボードからのテキス
ト入力もできる。テキストの入力
時には、ツールバーの内容が変わ
り、フォントやフォントサイズなど
を変更できるほか、カラーパレッ
トからテキストの色も変更できる。
さらに、画像の一部を拡大する
「拡大鏡」、自分のサインを挿入
する「署名」といった機能も、ツ
ールバーから利用できる。

マークアップ

Macユーザーなら便利な サイドカーを活用しよう

マークアップ

1

クイックルックでPDFを開く

① 「マークアップ」をクリック

② 「マークアップ」のメニューから表示先を選択

Macで目的のPDFを選択してスペースキーを押し、クイックルックでPDFを表示したら、画面上の「マークアップ」ボタンをクリックする。複数デバイスがある場合は、続けて「マークアップ」ボタンのメニューから表示先を選択する。

2

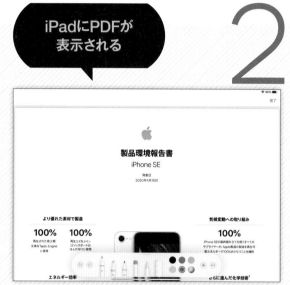

iPadにPDFが表示される

Macで表示していたPDFが、iPadの画面に表示され、同時にマークアップツールバーも表示される。

3

② 「完了」をタップ → 完了

① ツールを使ってPDFに書き込む

マークアップツールバーの各描画ツールを使って、表示中のPDFに手書きで書き込む。マークアップツールバーに用意されているツール、利用できる機能は、写真アプリのマークアップと同じだ。書き込みが終わったら、「完了」をタップする。

4

書き込みがMacに反映される

iPadの画面からPDFが消え、Macの画面に表示されているPDFに書き込みが反映される。クイックルックを閉じる際に、書き込みを保存するかどうか確認される。

MacのPDFに、iPadからシームレスに書き込みできる

Sidecar（サイドカー）は、iPadをMacのワイヤレスセカンドディスプレイとして使用できる機能。この機能の応用テクニックが、Macのクイックルックで開いているPDFや画像に、ファイルを受け渡すことなく、iPadの画面上で手書きの注釈を入れるというものだ。手書きはMac単体でも可能だが、マウスやトラックパッドではうまく書くのは難しい。iPadとペンデバイスを使うことで、直観的に書くことができる上、便利なマークアップツールも利用できる。

なお、サイドカーを利用するには、マックとiPadの双方が、同じApple IDでサインインしている必要がある。また、Apple Pencil対応のiPadのみで利用できる。

マークアップは
あらゆる場所から起動して利用できる

1

文書上を Apple Pencilで タップして開く

①文書の余白をタップ

②マークアップ ツールバーが表示される

Pages、Numbers、Keynoteの純正ビジネスアプリでは、文書の余白上をApple Pencilでタップすると、マークアップツールバーが表示される。他のアプリと比べ、多彩な描画ツールが利用できる。

2

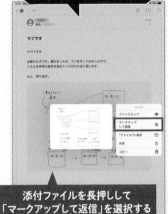

「メール」アプリに 添付された 写真から開く

添付ファイルを長押しして 「マークアップして返信」を選択する

「メール」アプリに添付された写真やPDFを長押しすると表示されるメニューで「マークアップして返信」を選択しよう。添付ファイルに注釈を入力して、すぐに返信できる。

3

ホームボタン（iPad Pro／Airではボリュームボタンの上）と電源ボタンを同時に押してスクリーンショットを撮影し、左下に一時的に表示されるサムネイルをタップするとマークアップ画面に切り替わる。

スクリーンショット撮影後、サムネイルをタップする

スクリーンショット 撮影後にマーク アップを起動する

4

「共有」メニューから「マークアップ」をタップする

注釈を入力したいページをSafariで表示し、右上の共有メニューから「マークアップ」をタップする。注釈を書き込んだら「完了」をタップすると、ウェブページがPDFとして保存される。

Webページに 注釈を入力する

まとめ
さまざまな場面で使える
マークアップをフル活用しよう！

ここまで紹介してきたとおり、マークアップはiPadの多くの標準アプリで利用できる便利な機能だ。特にApple Pencilと組み合わせることで、マークアップの活用の範囲や、手書き／手描きによる表現の幅が劇的に広がるため、対応するiPadが猛烈に欲しくなってしまった人も多いのではないだろうか。

また、iPadをマックのセカンドディスプレイとして使えるサイドカーで、マック上のPDFや画像に、iPadから手書きするテクニックにも注目だ。これによって、マウスやトラックパッドでのフリーハンド描画の煩わしさから解放されるので、iPadとともにマックを使うユーザーはぜひ覚えておこう。今後は、サードパーティー製アプリのマークアップ対応が広がることに期待したい。

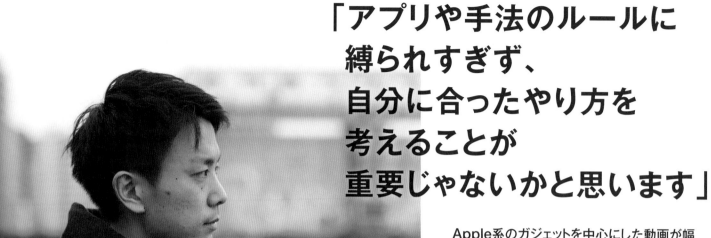

「アプリや手法のルールに縛られすぎず、自分に合ったやり方を考えることが重要じゃないかと思います」

Apple系のガジェットを中心にした動画が幅広く発信されているLeo Tohyamaさんのチャンネル。中でもiPadの手書きアプリに関する動画は特に魅力的に見えた。とてもキメ細かくポイントが解説されたGoodNotes 5や、Notability、Noteshelfの動画からは自分で考え出した手法が惜しみなく、とても親切に披露されている。そんな遠山さんに、手書きアプリの用途や利用法、また、なぜ手書きがそこまで重要なのかなど、詳しく聞いてみた。

Leo Tohyama

【ガジェット系YouTuber】

PROFILE

昼はIT系の企業でフルタイムの仕事をこなしつつ、大量の役立つガジェット系動画をYouTubeで発信している人気YouTuber・Leo Tohyamaさん。2018年までカナダ、バンクーバーでソフトウェア会社に勤務したあと、2019年に日本に帰国。現在は東京の企業に勤務しており、30代で1人暮らし中。

Leo Tohyama チャンネル
～便利なガジェットと
生産的な暮らし。～
https://www.youtube.com/channel/UCQU_9WCmWtH9mAl4HcyOeXw/

iPadで行う作業の7割ぐらいは「GoodNotes 5」でやっている

●今日は、iPadの手書きアプリを相当使いこまれている遠山さんに、手書きの利用目的を中心にお聞きします。GoodNotes 5（以下、GN5と記す）を中心とした手書きの比率がとても高いということですが、どのような用途に使っているかを具体的に教えてください。

撮影／鈴木文彦(snap!)
文／編集部

044

YouTubeチャンネルの分析

　まずは、自分のYouTubeチャンネルの分析ですね。チャンネルのスクリーンショットを撮って、俯瞰して見ながら、再生数、再生時間の長さ、その動画を作っていたときに考えていたことなどを手書きで書きながら分析します。再生数が少ない動画＝青、多かった動画＝赤などのマーカーで塗ったり、長さが短いときは「短い」と直接書いたりして分析していきます。再生数が少ない原因はなんだったのか？を、テーマなのか、時間の短さか、ただ語っているだけだったからか……など。そこから見えた傾向を書き出したりもします。

1

手書きを活用する
チャンネルの分析ノート

再生回数の多い動画が赤、少ない動画が青でハイライトされている。それ以外にも「あいまい」「？」「短い」など、自分による判定が手書きされている。

Workflow

❶直近の動画のサムネイルをすべてスクリーンショットで撮る。

❷GN5に貼り付ける。

❸再生数が多い動画、少ない動画にハイライトを引く。

❹多い動画の特徴、少ない動画の特徴を書き込んでいく。

チャンネルの方向性を
ブレインストーミング

　そして、チャンネルの方向性のブレスト（マインドマップ）ですね。ここには生々しく金額も書いていますが、それは収益とかではなく、ガジェットにかかる予算をどのように使うか、を考えています。Apple系ガジェット、周辺機器、オーディオ系などいろいろある中で、Apple系はもちろん人気が高いんですが、Apple系がないときにどのガジェットの動画を出すか、など……今年はキーボードの動画を続けて出しましたね。

2

予算配分を
考える
マインドマップ

わかりやすくアイコン的なイラストとともに、金額や派生製品などが書き込まれている。

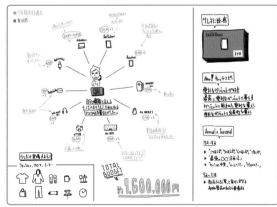

Workflow

❶昨年ヒットした動画をもとに、視聴者さんが興味を持つアイテムを書き出す。

❷それらのアイテムごとに、今年はどのような方針で研究を進めるか書き出す。

❸それぞれの購入にかかりそうな費用をまとめて予算を調整する。

❹定常的なレビューコンテンツだけでなく、シーズナルなコンテンツもまとめる。

必要なときは動画の絵コンテも書く

そして、動画の絵コンテもiPadで描きます。部屋で完結する動画は絵コンテが不要なときも多いですが、外で撮る場合は、各カットに必要なものを書いておくと便利なんです。動画内容のブレストができていて、それに沿った台本を作って、その次の段階がこの絵コンテですね。

最初にテキストを枠に配置してから絵を書いていきます。絶対に必要なもの、というわけではないんですけど、アニメ業界への憧れもあって「コンテを描きたいな！」という思いがあるんです（笑）。

4 絵コンテも GoodNotes 5で!

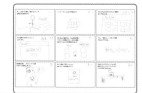

簡単な絵ではあるが、文字の台本だけからは伝わらない、動きのあるシーンが浮かんでくる絵コンテだ。

\ POINT /

● いろいろなカラーやイラストをどんどん活用（手を動かすとアイデアが浮かぶ）。

● なるべく本質から書き進めて、いくらでも思い浮かぶ枝葉はペンが止まったときに書く。

● 別に、マップが偏っても気にしない。

● 見出しの配置には意味を持たせる（XYとか、時系列とか）。

●「目的 ＞ 選定基準 ＞ 候補」というように、大きい粒度から小さい粒度へ順番に書き出していく。

3

動画内容のマインドマップ

続いて動画内容のブレスト（マインドマップ）です。1本のYouTube動画を作る際の、台本の前の段階ですね。自分の作っている動画の中でもHow To系のものは、マインドマップを書きながら、自分自身でも学びつつ考えていく感じです。ある程度は網羅的な動画にしつつ、見やすい時間でまとめ上げるのがポイントですね。

「テレワークにおすすめのキーボード」の動画の内容をブレストしたもの。イラストや候補製品の表も貼られている。自分で調べたことも詳細に記入されている。

動画内容を考える マインドマップ

Workflow

❶ 中心を四角で書く。

❷ 周りに最初のカテゴリを書く。

❸ それぞれのカテゴリごとに、適当に書き進める。

あとは会社でのミーティングのノートもiPadでとります。この場合はNotabilityの録音とノートのシンク機能を使います。

プライベートでもiPadの手書きは手放せない!

●いや～すごいですね。怒涛の解説をありがとうございます。ところで仕事以外でもiPadの手書きは活用していますか?

プライベートでもすごく使ってます。レコーディングダイエットに使ったり、本当に必要な買い物はなにか検討するとき、さまざまな参考資料を読むとき、バレットジャーナル、読書ノート、部屋の間取りを考えるときもGN5を使います。

●「さまざまな参考資料を読むとき」が気になりますが、資料を読むときもGN5を使うんですか?

はい、これはYouTubeでも出してますが、GN5で資料を読み込んで開いて、重要な部分にハイライトを引いたり、余白に書き込んだりしながら読み進めていきますね。そのときの工夫として、資料であとから振り返りたい部分には「#CHK」や「#AAA」「#BBB」のように手書きで書き込んでおくんです。そうしておけば、あとからGN5で検索すればすぐに見返すことができて便利です。GN5は、手書き文字の検索にも対応していることはもちろん、アプリ内の検索窓も手書きに対応しているので、一連の流れがすごくスムーズです。

●バレットジャーナルはどのようにやっているのですか?

マインドマップを書くときもそうなんですけど、かなり自分なりにカスタマイズしたやり方ですね。いわゆる王道のバレットジャーナルのやり方（Future Log、Monthly Log、Daily Log、Indexなどをそれぞれ手書きで書いていく方法）を全部やるのはさすがにムダが多い気がするので、Monthly Logだけを、しかもマインドマップでやるという……これはもはやバレットジャーナルじゃないだろ！？って話なんですが（笑）。

でも僕は、バレットジャーナルのエッセンスは、自分の記録を一定の形で残しておき、それを定期的に俯瞰で見て、振り返っていくことだと思っているので、この方法でも間違ってはいないんじゃないかと思っています。Monthly Logには本業、YouTubeで達成したいことを月イチで書

いておきます。そしてDaily Logの代わりとして、iPadの標準カレンダーに、予定をギッシリとすきまなく詰め込んで書いていきます。できなかったことは繰り越しにしたりして、あとでDaily Logとして見返せるような形にしています。

アプリや手法のルールに縛られるよりも、自分の継続できる形でいいんじゃないかな、と基本思ってます。

Leo Tohyama

6 独自のMONTHLY LOG

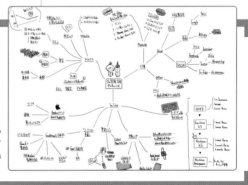

仕事、プライベートに分けて、その1ヶ月にやりたいことがマインドマップ形式でまとめてある。バレットジャールとは似ても似つかぬ形だが、機能としては近い。

5 資料を読むときは記号を書き入れながら

「CHK」はCheckの略で、「AAA」「BBB」などは、資料と重要事項をまとめたノートの両方に同じ記号を記載し、ページ内のブックマークとして使っている。

GoodNotes 5のお役立ち動画を紹介!

ここでは、Leo Tohyamaチャンネルから、iPadの手書きを学ぶためにとても役立つ、GoodNotes 5関連の必見動画をセレクトした。この記事で語られていることをより深く理解することにもつながると思うので、ぜひチェックを!

社会人のための、GoodNotes 5の使い方パーフェクトガイド【2021年版】

初めてGoodNotes 5を使う人にも最適な動画。懇切丁寧にGoodNotes 5の使い方、便利な点が解説されている。

GoodNotes 5でPDF取り込み。みんなが多分やっていない"オレ流"活用法。

PDFを読み込むときに、手を動かしながら、より記憶にも定着しやすい。独自のテクニックが多数披露されている。

GoodNotes 5中心の、iPadバレットジャーナル法。

本記事でも解説された、GoodNotes 5でのバレットジャーナルの独自のやり方が非常に詳しく解説されている。

無限に広がるノートが必ずしもベストではない

●無限に広がる系のノートアプリは使わないんですか？　マインドマップには合うのではないかと思いますが。

何度か試してみましたが、あまり合わなかったですね。アプリ「コンセプト」は好きですけど、自分の場合はある程度スペースの制約がある方がやりやすいんですよ。無限系ノートはあとから振り返るときの視認性が良くないですし、もともとマインドマップを書くときも、自分の場合はかなりズームした状態から書き始めているのでスペースが足りなくなることもあまりないんです。

●マインドアップを書く際に「本質から書き始める」と言っていましたが、それは実際にやるとなったら大変ですよね。ついつい、どうでもいい枝葉から書き始めたくなりませんか？

確かに本質から進めていくのは大変ですし難しいです。でもそうしないとマインドマップのマップとしてのバランスがとれないんです。マップに本質から書いていくことで、次第に見ないようにしていた部分が整理されてきて、やりたいことの全貌が見えてくる……というイメージですね。

無限系があまり必要ないと思える理由のひとつは、自分の場合のマインドマップは、もともとある程度形の見えている「やりたいこと」があって、その不要な部分が削ぎ落とされて整理されていく、という流れが中心であるせいだと思うんです。無から有が生まれる、とか最初は想像もしていなかったことが現れる！みたいなことがあまり起こらないんです。そういうこともあって全然いいと思うんですけど。

Leo Tohyama

●iPad歴を教えてください
初代か2代目のiPadを買い、そこから時間が空いてからiPad Pro 12.9インチ（2018）を買い、次にiPad Proの12.9インチ（2020）を購入。iPad Air 4もサブ用途として使っている。

●iPadを持ち歩きますか？
結構持ち歩く。カバン（WANDRD PROVOKE 21L）で持ち歩いている。近所なら裸で。

●ケースやフィルムなどについて教えてください
ケースはSmart Folioを使用し、ペーパーライクフィルム（JPフィルム専門）を貼っている。ペン先の消耗は激しいが書きやすいので。

●iPadの使用に割いている時間が多いものを教えてください
GoodNotes 5＝60〜70％

Bear（テキストエディタ）＝10％
Focus To-Do（ポモドーロタイマー）＝10％
そのほか、NetflixやYouTubeなど（それらの用途はAir 4が中心）
（※）％は印象で判断した数値

●ブレストにiPadをどれぐらいの時間使いますか？
多いときで6時間ぐらいで、少ないときは1時間ぐらい（やっても全然なにも出ないときも、もちろんある）。

●自分がiPadを使う上で、絶対必須の設定、ユーティリティなどはありますか？
iPadのウィジェットに、1日の詳細カレンダーと、ショートカットを4つ配置していて、そこはよく使う。4つのショートカットのうち、3つはGoodNotes 5のもの。

ショートカットの内訳は、GoodNotes 5のよくアクセスするノートで「MONTHLY LOG」「YouTube戦略マップ」「YouTubeブレスト」の3つと、Focus To-Doを起動するためのショートカットとなっている。

●キーボードを使いますか？
以前は、Magic Keyboardを使ってテキスト入力もiPad中心にしようと模索していたが、やっぱり「餅は餅屋」だな、と考えを改め、iPadは手書きを完全にメインにする方向に決定した。

●Apple Pencilのダブルタップには何を割り当てているか？
消しゴムのみ。

「休日」は、今の自分には必要ない！

●話は変わりますが、GN5に対する要望はありますか？

今のままでもほぼ完璧な手書きノートとは思うんですけど、あえていうなら、まずは録音機能ですね。「Notability」並の録音機能がGN5に実装されたらすごいでしょうね。

あとは、ノートのロック機能もあってもいいかな、と思います。特定のノートを開くのにパスワードを要求するような、セキュリティアップ機能があったら嬉しいですね。

あと、図形のロック機能も欲しいです。1ボタン・2アクションぐらいで図形をノート画面上でロックできたらすごく便利ですね。レイヤーが使えればいいという意見もあると思うんですが、レイヤーの考え方をノート利用者全員に認識させるのも大変だと思うので、ロックの方がいいと思います。ロック解除も簡単にできる形で。

●疲れたときの、自分を奮い立たせるテクニックはありますか？

まずは書く。手書きです（笑）。これだけ手書き、手書きといってますけど、自分の本来の仕事は全然手書きじゃなく、タイピ

ングですし、動画編集も手書きじゃない。やはり手書きすると頭の使われる部分が違うのか、気分も変わります。

あとは歩くことですね。僕は朝は5時に起きて、それから9時まで朝活したあと、30分〜1時間ぐらい歩くんです。iPhoneも持たずにApple Watchだけ着けて。10時からの本業の仕事に対して頭を切り替えることができます。それから仕事を18時過ぎぐらいまでやると、もうヘトヘトなので、夜の時間帯はある意味アディショナル・タイムと考えてます（笑）。22時には寝ますし。

●完全な休みがあったら、何をしたいですか？

休み！？　「完全な休み」というのはイメージできないですね。日々の動画作成を仕事とは考えていませんが、100％趣味です！というわけでもない。収益も得ているわけですし。将来どうするかわからないですけど、個人事業のひとつの柱として育てていきたいとは思ってますね。そうすれば会社だけにとらわれないですし。

動画の撮影・編集は、すごく真剣にやってますけど「辛い」という感覚はないので「毎日、動画、動画でヘトヘトだ！」みたいな気分にはなっていないです。毎日、少しだけでも積み上げられたらなあ、という気持ちでやってますね。

おすすめ
手書きアプリ
SELECTION!!!

Recommended Free-Hand App Selection!!!!

このアプリのポイント
- 多機能な定番ノートアプリ
- ペン先とカラーを選んでお気に入りに登録できる
- 多数のテンプレートが用意されている

GoodNotes 5と並んで人気の定番多機能ノートアプリ

Noteshelf

お気に入りのペンを登録できる機能がかなり便利!

ノートアプリを検索するとGoodNotes 5と並んでよく紹介されるのが「Noteshelf」だろう。Noteshelfは、圧倒的に多機能なのが特徴の人気ノートアプリ。利用できるペンや消しゴム、シェイプ、テンプレートの種類が豊富でカスタマイズ性が高いことで評価されている。

利用できるペンの種類が多いだけでなく、「お気に入り」機能が用意されており、よく利用するカラーとペン先の組み合わせを保存することができる。ツールバー下にお気に入り専用のパネルを表示させて以前利用したペンを素早く呼び出すことが可能だ。これはGoodNotes 5にはない便利な機能の1つで、まめにペン先を交換してカラフルで凝ったノート作りをしたい人に向いている。

また、Noteshelfの投げ縄ツールは非常に多機能。対象となる部分をペンで囲んでタップするとスクリーンショット撮影や、リサイズ、カラー変更などができる。特に便利なのはテキスト変換機能で、囲い込んだ手書きの文字を元の手書き文字と置換してくれる。ノート全体の手書きメモを効率的にテキスト変換できる。

用意されているノートテンプレートの種類も豊富で、40種類以上のテンプレートから選択することができる。各用紙は縦置き、横置き自由に設定することができ、また、別に「無料ダウンロード」というページが用意されており、そこから膨大な種類のテンプレートを選択してダウンロードすることが可能だ。

Noteshelf
作者／Fluid Touch Pte. Ltd.
価格／1,220円
カテゴリ／仕事効率化

Noteshelfのインターフェース

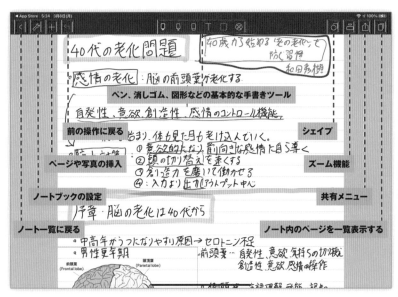

ペン、消しゴム、図形などの基本的な手書きツール
シェイプ
前の操作に戻る
ページや写真の挿入
ズーム機能
ノートブックの設定
共有メニュー
ノート一覧に戻る
ノート内のページを一覧表示する

ペンツールのカスタマイズ

ペンツールをタップ

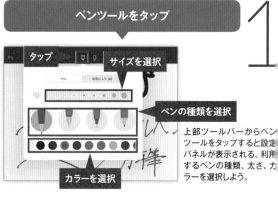

タップ / サイズを選択 / ペンの種類を選択 / カラーを選択

上部ツールバーからペンツールをタップすると設定パネルが表示される。利用するペンの種類、太さ、カラーを選択しよう。

お気に入りに登録する

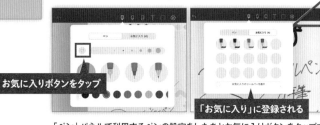

お気に入りボタンをタップ / 「お気に入り」に登録される

「ペン」パネルで利用するペンの設定をしたあとお気に入りボタンをタップすると「お気に入り」に設定したペンを登録できる。

こんな用途に向いている!
- カラフルで丁寧なノート作りをしたい
- 決まったペン先とカラーの組み合わせを保存して使いたい
- カスタマイズ性の高いノートを作りたい

多彩なテンプレートを
使いこなそう

テンプレート画面を開く

1

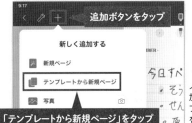

追加ボタンをタップ

「テンプレートから新規ページ」をタップ

ノート画面で左上にある追加ボタンをタップし、「テンプレートから新規ページ」を選択する。

テンプレートを選択する

2

「無料ダウンロード」をタップ

利用するテンプレートを選択する

テンプレート選択画面が表示される。左でカテゴリを選択し、右でテンプレートを選択しよう。

新規ノートブック作成も可能

3

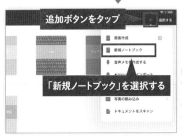

追加ボタンをタップ

「新規ノートブック」を選択する

新規ノートブック作成時にも用紙や表紙のテンプレートを設定できる。ノートブック一覧ページで追加ボタンをタップし、「新規ノートブック」をタップする。

テキスト変換が可能な
投げ縄ツールを使おう

投げ縄ツールを起動する

1

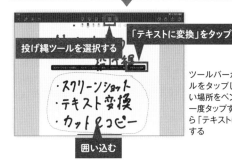

投げ縄ツールを選択する

「テキストに変換」をタップ

囲い込む

ツールバーから投げ縄ツールをタップして、編集したい場所をペンで囲い込んで一度タップする。メニューから「テキストに変換」を選択する

テキストに変換する

2

タップ

テキスト変換画面が表示される。手書きした文字をそのままテキストに変換したい場合は「テキストボックスに変換」をタップしよう。

POINT

指定したページをほかの
ノートに移動する

Noteshelfはノートブック内の指定したページをほかのノートブックに直接移動することができる。ノートブックを開き、右上のサムネイルボタンをタップする。編集モードで移動したいページを選択して移動先ノートを指定しよう。

「編集」をタップ

ページを選択して移動ボタンをタップ

まとめ

筆圧感度を
有効にすれば
GoodNotes 5と
同等になる

なにかとGoodNotes 5と比較されがちなNoteshelfだが、全体の機能を比較するとNoteshelfの方が圧倒的に多機能。インターフェースも使いやすい。なのに、GoodNotes 5の方がなんとなく使い心地よく感じてしまうのは筆圧感度の可能性が大きい。

実はNoteshelfでも筆圧で線の太さを変化させることができるが、この機能は標準ではオフになっている。ノート一覧画面の「設定」から「スタイラス」を開き「筆圧感度」を有効にしよう。まるで肉筆のような線が描けるようになる。これで、GoodNotes 5と大差のない使い心地になるはずだ。

アイデアやラフなど一時的な手書きメモに便利

アイデアメモ

シンプルな機能で
素早くメモを取れる

　ノートアプリの多くは使用の際、あらかじめカテゴリ分類しておいた複数のノートから選択してノート画面に移行するため、メモを取るまでにやや時間がかかり、もたつきがち。分類や整理の必要性が低く、一時的なメモを取るだけなら「アイデアメモ」を使おう。

　アイデアメモは、何かを思いつ

いたらすぐにアプリを起動して素早く手書きメモがとれるシンプルなアプリ。起動後、右下にあるメモボタンをタップするとメモ画面が現れるので手書きでメモしよう。入力と同時に内容を自動で保存し、起動画面に戻るとこれまで作成したメモ内容をサムネイル形式で表示してくれ、メモを開かなくてもある程度内容がわかるようになっている。複数のページで構成される多機能なノートアプリ

と異なり、1ページ単位で管理されるため、Evernoteや「メモ」アプリと同じような使い方ができる。

　また、一時的なメモを取ることに特化しているので、非常にシンプルなインターフェースで初めてでも使いやすく、カスタマイズ可能なペンと7種類のカラーしか用意されていない。作成したメモは共有メニューからカメラロールに画像形式で保存したり、メールに

添付することができ、複数のメモをフォルダにまとめて書き出すこともできる。フォルダ作成機能もあるので、メモが溜まってきたらフォルダでメモを整理するのもよいだろう。

アイデアメモ
作者／tadashi atoji
価格／無料
カテゴリ／ビジネス

アイデアメモのインターフェース

書類画面

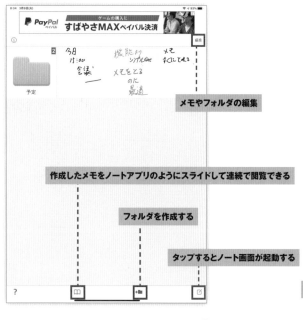

メモやフォルダの編集

作成したメモをノートアプリのようにスライドして連続で閲覧できる

フォルダを作成する

タップするとノート画面が起動する

メモ作成画面

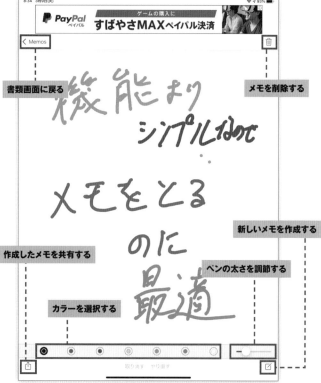

書類画面に戻る　　メモを削除する

作成したメモを共有する　　新しいメモを作成する

カラーを選択する　　ペンの太さを調節する

アイデアメモは極力シンプルに設計されているため最低限のメモ機能しか搭載されていない。一時的なメモやアイデア、ラフなどに使おう。

こんな用途に向いている！
● 一時的に保存する手書きメモ
● 素早く手書きメモを取りたいとき
● アイデアやスケッチを取りたいとき

シンプルな使い方を
マスターする

メモを外部に保存する 1

タップ

作成したメモを外部へ保存したい場合は、メニュー左下の共有ボタンをタップする。メニューから保存先を指定しよう。

複数のメモをまとめて保存する 2

編集ボタンをタップ

保存先を選択する

選択する

複数のメモをまとめて保存するには書類画面に戻り、右上の編集ボタンをタップして対象のメモを選択する。続いて下部メニューから保存先を選択する。

ノートのようにメモを閲覧する 3

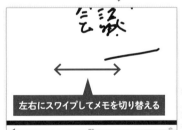

左右にスワイプしてメモを切り替える

書類画面下部のメニューでノートボタンをタップすると左右スワイプでメモを切り替えることができる。

フォルダを作って
メモを分類する

フォルダを作成する 1

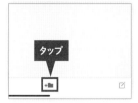

タップ

新しいフォルダー
アイデア
Cancel OK

名前を付ける

フォルダを作成するには書類画面下にあるメニューからフォルダボタンをタップ。フォルダに名前をつけよう。

フォルダ内でメモを作成する 2

作成されたフォルダをタップすると新しい書類画面が表示される。メモ新規作成ボタンをタップしてメモを作成していこう。

メモをほかのフォルダに移動させる 3

「編集」をタップ

メモを選択する

共有メニューから
「別のフォルダーへ
移動」を選択する

メモをほかのフォルダに移動するには、右上の「編集」をタップしてメモを選択する。左下の共有メニューをタップして「別のフォルダーへ移動」を選択しよう。

まとめ

連携機能を
うまく活用すれば
さらに便利になる

アイデアメモで作成した手書きメモは共有機能を利用して、画像形式に変換してメールやSNSに添付できる。思いついたアイデアや構図案などをほかのユーザーと共有したいときにも便利だ。

また、作成したメモはほかのノートアプリへ直接コピーすることもできる。書き溜めたメモの一部を削除せず、バックアップしたくなったときは、ほかの

ノートアプリに組み込むといった使い方もできる。一時的な保存を前提とした設計のため機能は少ないものの、共有機能を使ってほかのアプリと連携させることでより便利になるだろう。

複数のメンバーで使えるオンラインホワイトボード

Miro

**相手の編集箇所を見ながら
リアルタイムで
共同作業ができる**

クラウドワークが主流になりつつある現在、オンライン上でアイデアを出し合ったり、共同作業をする機会が格段に増えている。テキストや写真だけならメールやメッセージツールで事足りるが、マインドマップやロードマップ、フローチャートなどホワイトボードに描いてリアルタイムで共同作業する場合は、これらのメッセージツールでは難しい。そんなときは「Miro」を使おう。

Miroは、オンライン上で利用できるホワイトボードアプリ。ノートアプリのような白いホワイトボードが用意され、ボード上に自由に情報を入力できる。Apple Pencilに対応しており手書き入力もできるのでフローチャートやマインドマップなどの図像も描くことが可能だ。テンプレートはあらかじめ60種類以上用意されており、円滑にこうした作業を行うことができる。また、作成したホワイトボードはイメージ形式やPDF形式で保存することができる。

もっと便利なのは作成されたホワイトボードをシェアすることで複数のメンバーで共同作業することができることだ（相手もMiroの会員登録をしている必要がある）。さらにリアルタイム編集に対応しており、ほかのメンバーが現在ボードのどの部分を編集しているか名前とカーソルで表示してくれる。ボード内の好きな箇所にコメントを残すこともできるので、リアルタイムでなくても共同作業することができる。

Miro
作者／RealtimeBoard Inc.
価格／無料
カテゴリ／仕事効率化

初期セットアップ

Miroのアカウント取得時はさまざまな初期設定画面が現れる。「Invite teammates」で共同作業する予定のメンバーをメールやURLリンクで招待しよう。

「What do you want to do?」では利用するホワイトボードのテンプレートを選択しよう。無地の場合は「Start from scratch」をタップしよう。

Miroのインターフェース

タップするとボード一覧画面に戻る。また新たにボードを作成することもできる

ボードの名称や説明文を編集できる

作成したボードをイメージやPDFにして保存できる。テンプレートとして保存することもできる

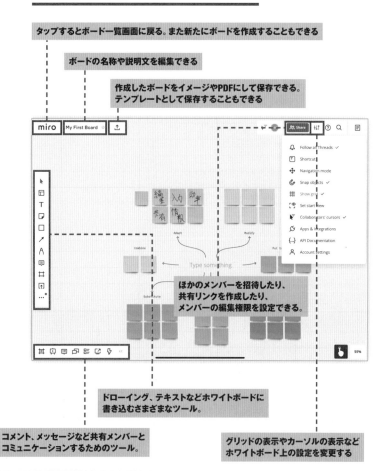

ほかのメンバーを招待したり、共有リンクを作成したり、メンバーの編集権限を設定できる。

ドローイング、テキストなどホワイトボードに書き込むさまざまなツール。

コメント、メッセージなど共有メンバーとコミュニケーションするためのツール。

グリッドの表示やカーソルの表示などホワイトボード上の設定を変更する

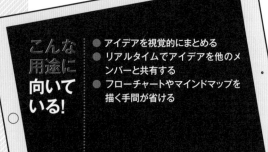

こんな
用途に
**向いて
いる!**
●アイデアを視覚的にまとめる
●リアルタイムでアイデアを他のメンバーと共有する
●フローチャートやマインドマップを描く手間が省ける

ツールを使って 書き込みしよう

ペンとカラーを選択する 1

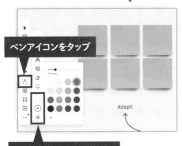

ペンアイコンをタップ

ペン先とカラーを選択する

手書きで書き込むにはツールバーからペンアイコンをタップして、続いてペン先をタップする。カラーパレットが表示されたらカラーを選択しよう。

付箋紙を増やす 2

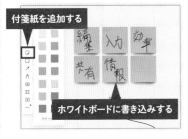

付箋紙を追加する

ホワイトボードに書き込みする

ペンの設定が終わったらホワイトボードに書き込みしよう。付箋紙の上にも書き込める。ツールの付箋アイコンをタップすると付箋を追加できる。

付箋紙の設定を変更する 3

タップしてオブジェクトの設定を変更する

付箋をはじめホワイトボード上にあるさまざまなオブジェクトはタップすると設定画面が表示され、サイズやカラーなどを変更することができる。

他のメンバーと共有して リアルタイムで作業をする

「Share」ボタンから共有する 1

「Share」をタップ

ほかのメンバーと現在開いているホワイトボードを共有して作業をする場合は、右上の「Share」ボタンをタップする。

相手のメールアドレスを入力する 2

相手のメールアドレスを入力する

編集権限を設定する

「To:」に相手のメールアドレスを入力して続いて現れる画面で招待メール送信ボタンをタップしよう。また、「Can edit」で編集権限の設定ができる。

リアルタイムで相手の作業場所を把握する 3

カーソルのオン・オフ

参加者のカーソルが表示される

相手が参加すると相手のカーソルが表示されりアルタイムで作業場所を把握できる。右上のカーソルボタンから表示をオフにすることもできる。

まとめ

チームワークに 特化した ノートアプリ

ノートアプリを一人で活用するなら通常のノートアプリで問題ないが、最初から複数のメンバーと共有することを前提としているなら間違いなくMiroは便利だろう。ほかのノートアプリにも

共有機能はあるが、あくまで自分で編集したノートを相手がダウンロードするだけもの。しかし、Miroはほかのユーザーとノートアプリを同期した状態にでき、招待したメンバーであれば誰でも

自由に編集することができ、さらに、リアルタイムで編集箇所を表示してくれる点が大きな魅力だ。チームワーク作業に適したテンプレートが用意されている点もほかのノートアプリと異なる。

SELECTION

04

このアプリの
ポイント
- ●多機能で使いやすいノートアプリ
- ●録音機能が優れている
- ●縦スクロールでノートを閲覧できる

ボイスレコーダーが連動できるノートアプリ

Notability

**録音した内容の
気になる部分を
すぐに頭出し**

「Notability」は、GoodNotes 5と並んで人気の多機能で使いやすいノートアプリ。アメリカのiPad App Storeランキングでは1位常連になっている。

アプリを起動すると画面左側にノートグループが一覧表示され、右側にノートグループ内の内容が

プレビュー表示される。メールアプリのような見慣れたインターフェースが人気だ。また、上下スクロールでページ切り替えができるので、ウェブページに注釈を入力する際に役立つ。

Notability最大の特徴は録音機能の便利さだ。バックグラウンドで音声を録音しながら、手書きのメモを取ることができる。録音中に書きとったメモをタップ

すると、そのメモを入力した時間に録音された部分を頭出しできるのがほかのノートアプリとの大きな違いで、気になるメモの音源部分を聞き返したいときでも、シークバーを動かして該当箇所を探し出す必要がない。メモをタップすればすぐに目的の箇所を頭出しすることができる。

録音したノートは、PDF形式やテキスト形式に出力できる。

出力する際に音声部分はメモ内容と別にm4a形式のオーディオファイルとして保存できるので、ほかの人と録音音声を共有することができる。

Notability
作者／Ginger Labs
価格／1,100円
カテゴリ／仕事効率化

Notabilityのインターフェース

ノート一覧表示
タップすると画面右側にノートが一覧表示される

オプション
ペーパーの種類変更、表示形式変更、ノートの情報表示などをする

録音ボタン
タップすると録音が始まる。もう一度タップすると停止する

前の操作に戻る

ツールメニュー
左からテキスト、ペン、マーカー、消しゴム、切り取り、ページスクロール、各ボタンを長押しするとオプションメニューが表示される

共有メニュー
作成した手書きノートを外部に出力する

ノートグループ画面に戻る

追加ボタン
写真、カメラ撮影写真、図形、ウェブページキャプチャした画像をノートに追加する

ノートグループ画面

タップしてカテゴリを作成

ドラッグ&ドロップで移動

ノートをカテゴリ分類するためのノートグループを作成するには、左上の追加ボタンをタップする。作成したノートはドラッグ&ドロップで簡単にノートグループ間を移動できる。標準「メモ」アプリのような操作感が好きな人におすすめのノートアプリだ。

**こんな
用途に
向いて
いる!**
- ● 取材などで録音機能をよく利用する人
- ● ページ間でメモが途切れることに不満な人
- ● メモアプリのようにノートを管理したい人

音声録音機能を
使ってみよう

録音しながらメモを取る

1

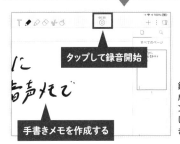

タップして録音開始

手書きメモを作成する

録音しながら手書きメモを作成するには、右上の録音ボタンをタップする。ボタンが変化して録音が始まるので、手書きノートを作成していこう。

録音した音声を再生する

2

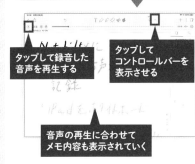

タップして録音した音声を再生する

タップしてコントロールバーを表示させる

音声の再生に合わせてメモ内容も表示されていく

録音した内容を再生するには、録音ボタン横の「△」をタップする。コントロールバーが表示されるので再生ボタンをタップしよう。音声の再生に合わせて、自分が書き込んだメモが薄い字から濃い字に変わっていく。

メモ内容を頭出しする

3

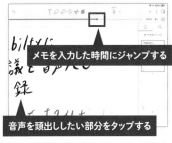

メモを入力した時間にジャンプする

音声を頭出ししたい部分をタップする

メモした内容をタップすると、そのメモを入力した時間に録音された音声部分に再生ボタンが移動して、音声を頭出しできる。

上下にスクロールして
ノートを切り替える

スワイプしてノートをめくる

1

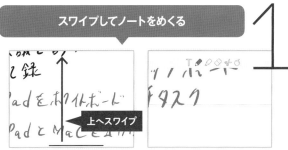

上へスワイプ

ページがいっぱいになったら上へスワイプしよう。ページが途切れずメモを書き続けることができる。

ほかのページの切り替え方

2

タップ

タップ

ページを切り替えたいときは右のページ一覧でページをタップするか、ページ切り替えボタンをタップしよう。

2つのノートを
同時に開く

「メモスイッチャー」を利用すれば2つのノートを同時に開くことができ、また同時にメモをとることができる。

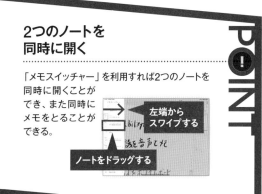

左端からスワイプする

ノートをドラッグする

POINT

まとめ

GoodNotes 5や
Noteshelfと並ぶ
3大ノートアプリの1つ

Notabiltyは、GoodNotes 5やNoteshelfと並んでよく紹介される評判のノートアプリの1つ。ここでは録音機能のメリットに焦点をあてて解説したが、実際はもっと多機能で使い心地もよい。

範囲選択した手書き文字をテキスト変換したり、ツールバーに設置されている各ツールも洗練されている。さらに、Mac版やiPhone版アプリも用意されておりiCloudでノートアプリを同期できる。GoodNotes 5やNoteshelfに慣れたら試用してみて、乗り換えを検討してもいいだろう。

このアプリの ポイント
- 余白を気にすることなく伸び伸びとメモが書ける
- 思考が中断されずに継続してメモを書き続けられる
- 投げ縄ツールなど編集ツールも多彩

模造紙のように360度方向に書けるメモアプリがバージョンアップ

MapNote 2

**ピンチ操作で
メモ周囲の余白を
自由に変更できる**

手書きメモアプリの大半はキャンバスの大きさが固定されているため、ふと付けたメモの周囲に注釈や脱線した話を付け加えたくなっても余白が足りず困る。放射線状にメモを付けていきたいという人は、「MapNote」を使おう。

このアプリがほかの手書きアプリと大きく異なるのは、キャンバスのサイズが固定されないこと。メモした内容の周囲に注釈を入れたくなったときは、画面をピンチインすることで周囲の余白を増やすことができる。まるで1枚の大きな模造紙にメモを書き込んでいるような感じといえ、キャンバスサイズを気にすることなく、メモを取り続けることが可能だ。マインドマップの作成や地図を手書きで作成するときなどに効果を発揮するだろう。

メニューはシンプルだが、ほかの手書きアプリ同様にペンの太さやカラーを自由に変更するなど基本的な機能はきちんと備えている。投げ縄ツールを使えば、範囲指定した箇所を切り取り、ほかの場所に移動させたり、カラーを変更することが可能だ。

作成した手書き内容は自動でアプリ内に保存されるが、外部に書き出したい場合は、共有メニューからPDF形式に変換してメールに添付して送信する必要がある。新しくなったMapNote 2では、フォルダ機能を使ってノートをカテゴリ分類できるようになり、不安定だった動作も改善され使いやすくなった。

MapNote 2
作者／Naoya Enokida
価格／610円
カテゴリ／
仕事効率化

MapNote 2のメイン画面

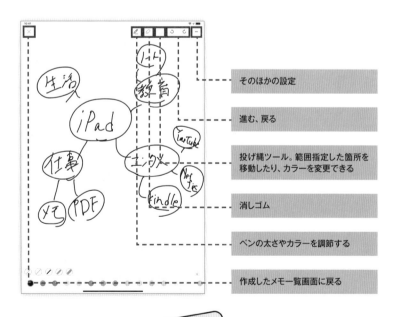

- そのほかの設定
- 進む、戻る
- 投げ縄ツール。範囲指定した箇所を移動したり、カラーを変更できる
- 消しゴム
- ペンの太さやカラーを調節する
- 作成したメモ一覧画面に戻る

キャンバスがいっぱいに なったらピンチイン

手書きメモを入力していて、キャンバスの余白がなくなったら、画面をピンチインしてみよう。

キャンバスが広がる

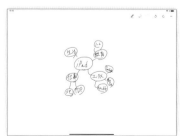

このように周囲の余白を増やすことができる。また、ピンチアウトすると、文字部分を拡大表示できる。

こんな用途に向いている!
- 議事録やインタビューメモなど素早くメモを書き取るとき
- マインドマップを作成するとき
- 手書きの地図を作成するとき

投げ縄ツールで
手書き内容を編集する

投げ縄ツールを選択する 1

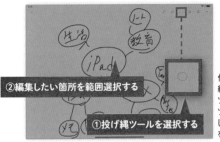

②編集したい箇所を範囲選択する

①投げ縄ツールを選択する

作成した手書き内容を編集するには、右上のツールバーから投げ縄ツールボタンをタップして、編集したい部分を囲い込む。

カラーを変更する 2

「…」を選択する

変更したいカラーを選択する

範囲選択するとメニューが表示される。カラーを変更する場合は、「…」を選択し、下のパレットから変更したいカラーを選択しよう。

カット&ペーストする 3

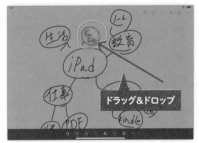

ドラッグ&ドロップ

範囲選択した箇所をほかの場所に移動させたい場合は、投げ縄ツールで囲い込んだあと、そのままドラッグ&ドロップすればよい。カットしたい場合はメニューから「Cut」を選択しよう。

手書きメモを
フォルダ分類しよう

フォルダを作成しよう 1

タップ

フォルダ

フォルダ名を入力して「+」をタップ

ノート一覧画面で左上のメニューボタンをタップして「フォルダを追加」にフォルダ名を入力して「+」をタップする。

メモをフォルダ分類する 2

タップ

フォルダを選択

フォルダボタンをタップ

仕事

メモを開き右上の「…」をタップしてフォルダボタンをタップ。分類先フォルダを選択しよう。

POINT

倍率や方眼を
表示する

キャンバス右上にある「…」から設定画面を開くと、無地のキャンバスを方眼紙に変更したり、キャンバスの現在の倍率を表示させることができる。

まとめ

マインドマップや
手書き地図作成に
ベスト!

360度方向に伸びていくマインドマップの作成や手書き地図を作成するのに非常に便利なアプリ。メモ入力後でも自由に範囲選択して、カット、コピー、ペーストなどができるのが便利。単純に360度方向に何か描きたいことがあるとき使うと便利な単機能アプリと思って使うのがよいだろう。フォルダ整理機能や投げ縄ツールの機能拡充だけでなく、前バージョンで問題あった動作の不安定性もかなり改善されている。今後もバージョンアップが楽しみなアプリだ。

このアプリの
ポイント
●Officeファイルに手書きメモを入力できる
●「マップ」アプリやウェブページをキャプチャできる
●レイヤーを使って多層的なメモを作成できる

レイヤー機能を搭載し、Office文書を直接読み込んで注釈を入れられる手書きアプリ

ZoomNotes

**とにかく多機能!
あらゆるファイルに
手書きができる**

「ZoomNotes」は、非常に多機能な手書きノートアプリ。前のページの「MapNote 2」のような無限キャンバス機能があるだけでなく、インポート機能が非常に強力で、画像やPDF形式だけでなく、Word、Excel、PowerPointなど、MicrosoftのOfficeファイルを読み込んで手書きの注釈を付け加えることがで

きる。共有メニューも豊富でメールに添付して送信できるので、部下が作成した資料に注釈や指示を入れて返信することも簡単だ。なお、読み込む際はGoogleドライブの変換機能を利用し、書き出す際はPDF形式となる点に注意しよう。

また、「マップ」アプリで表示している地図をキャプチャして手書きの注釈を入れたり、ウェブページをキャプチャして注釈を入れることができる。ウェブ

ページをキャプチャする際は、iPadの画面に表示されている部分だけでなくページ全体をキャプチャしたり、範囲指定した箇所をキャプチャすることもできる。ウェブサイトの校正や地図に案内図を入力したいときにも便利だ。

入力ツールも豊富。独特なのがルーラー機能だろう。「メモ」アプリのスケッチでおなじみの通常の定規だけでなくさまざまな定規が利用できる。

さらにはレイヤー機能を搭載しており、トレースして絵を描くなどグラフィックアプリのようにも使える。また、スタディノート機能もありノート上に小さなノートを追加できる。

ZoomNotes
作者／Deliverance
Software Ltd
価格／980円
カテゴリ／
仕事効率化

ZoomNotesのメイン画面

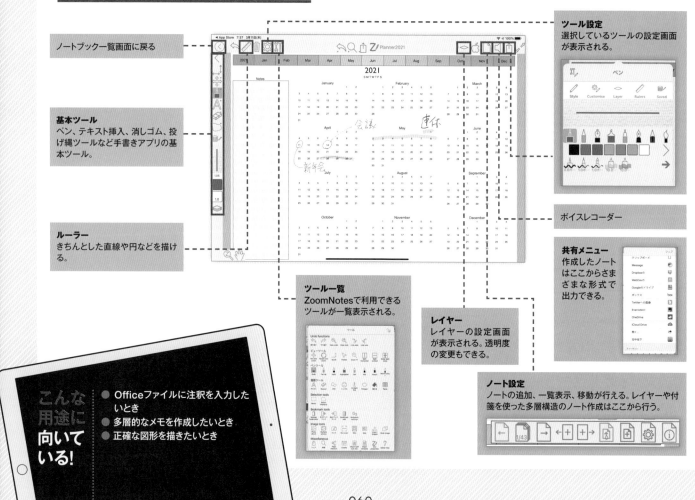

ノートブック一覧画面に戻る

基本ツール
ペン、テキスト挿入、消しゴム、投げ縄ツールなど手書きアプリの基本ツール。

ルーラー
きちんとした直線や円などを描ける。

ツール一覧
ZoomNotesで利用できるツールが一覧表示される。

ツール設定
選択しているツールの設定画面が表示される。

ボイスレコーダー

共有メニュー
作成したノートはここからさまざまな形式で出力できる。

レイヤー
レイヤーの設定画面が表示される。透明度の変更もできる。

ノート設定
ノートの追加、一覧表示、移動が行える。レイヤーや付箋を使った多層構造のノート作成はここから行う。

**こんな
用途に
向いて
いる!**
●Officeファイルに注釈を入力したいとき
●多層的なメモを作成したいとき
●正確な図形を描きたいとき

Excelファイルに
手書きの注釈を入れよう

追加ボタンをタップする

1

Officeファイルを読み込むには、ノートブック一覧画面で、左上の追加ボタンをタップして「インポート」から、読み込みたいファイルにチェックを入れて「ダウンロード」をクリック。

基本ツールを使って注釈を入れる

2

手書きで注釈を入力する

ツールを選択する

PDF形式に変換された形でOfficeファイルが読み込まれる。左側にある手書きの基本ツールを使って注釈を入れていこう。

入力したノートを外部へ保存する

3

共有メニューをタップして共有方法を選択する

注釈を入れたノートを外部へ保存する場合は、右上の共有メニューをタップする。共有方法を選択すれば、PDF形式でノートを保存することができる。

レイヤー機能（付箋）を使って
多層的なノートを作成する

ノートを追加する

1

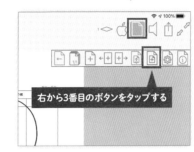

右から3番目のボタンをタップする

多層的なノートを作成する場合は、右上のノート設定ボタンをタップし、右から3番目のレイヤーボタンをタップする。

現在のノート上に小さなノートが追加される

2

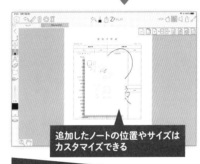

追加したノートの位置やサイズはカスタマイズできる

現在表示しているノート上に小さなノートが追加される。Apple Pencilでサイズを変更したり、ノートをドラッグして位置を変更できる。

ノート順番を変更する

POINT

作成したノートの順番を変更したい場合は、ノート設定ボタンをタップして、左から2番目のノート一覧ボタンをタップ。すると作成したノートがサムネイル形式で一覧表示される。上部メニューにあるボタンを使って、ノートの順番を変更できる。

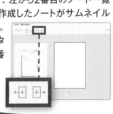

まとめ

MS純正Officeアプリと使い分けるのがコツ

WordやExcelなどOfficeファイルに直接手書き注釈を入力するだけなら、iPad版WordやExcelなどのMS純正のオフィスアプリでも可能だが、手書き機能はあくまでサブ機能のため、最低限の手書きツールしか搭載されていないのが欠点だ。その点、ZoomNotesは豊富な手書きツールを搭載しており、日常的にメインの手書きメモアプリとして利用できるのが大きなメリット。ただし、手書きメモを入力した後の出力形式はPDF形式になる点には注意。MS純正Officeアプリとうまく使い分けよう。

安定性が抜群のAdobe純正のPDF注釈アプリ

Adobe Acrobat Reader

**Adobe系アプリや
サービスと連携すれば
最強のPDFアプリに!**

メールに添付されたPDFに注釈を書き込んだり、間違った箇所を訂正するには、注釈アプリが欠かせない。この手のアプリはさまざまあるが、安定した動作と豊富な注釈ツールを求めているなら、Adobe純正の閲覧・注釈アプリ「Adobe Acrobat Reader」を使おう。

Adobe Acrobat Readerでは、PDFファイルにテキストを追加したり、ハイライト、下線、取り消し線などの注釈を入力できる。描画ツールも搭載されており、Apple Pencilを使って手書きの注釈を入れることも可能だ。注釈を入れた箇所はタップして、自由に再編集することができる。Adobe純正アプリなので、動作も安定しており、入力した注釈がほかの環境で表示されないといったトラブルはほとんど起こらない。クライアントと

の環境の違いから生じる表示エラーが気になる人におすすめだ。それでいて多機能な上、無料で利用できる点もうれしい。

また、Adobe Scanと連携させることで、カメラ撮影した紙の文書やホワイトボードに書かれた内容、領収証などを取り込み素早く注釈を入力することができる。さらに、追加料金を支払うことで、Adobe Scanで撮影した書類の並べ替え、削除、回転の編集を行うこともできる。

注釈を入力して保存したPDFは、メールに添付して外部に送信できるほか、Adobe Document Cloudを使って、共有リンクを作成して、誰でも閲覧できる状態にすることも可能だ。

Adobe Acrobat Reader
作者／Adobe
価格／無料
カテゴリ／ビジネス

Adobe Acrobat Readerのメイン画面

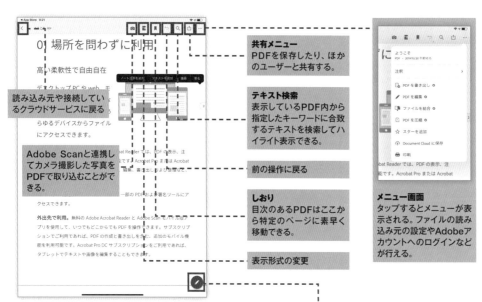

読み込み元や接続しているクラウドサービスに戻る

Adobe Scanと連携してカメラ撮影した写真をPDFで取り込むことができる。

共有メニュー
PDFを保存したり、ほかのユーザーと共有する。

テキスト検索
表示しているPDF内から指定したキーワードに合致するテキストを検索してハイライト表示できる。

前の操作に戻る

しおり
目次のあるPDFはここから特定のページに素早く移動できる。

表示形式の変更

メニュー画面
タップするとメニューが表示される。ファイルの読み込み元の設定やAdobeアカウントへのログインなどが行える。

PDFを読み込もう

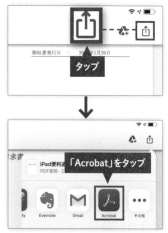

メールに添付されたPDFを開くには、メール画面で開いたあと、共有メニューをタップして「Acrobat」を選択しよう。

注釈ツール
PDFに注釈を入れるにはここからツールを選択する。

PDFに注釈を付けてみよう

1 注釈ツールを使おう

①注釈ツールを選択して該当場所をドラッグ

②2本指でドラッグして移動する

注釈を入れるには、注釈ツールを選択して有効状態にした後、該当場所をドラッグしよう。なお2本指で画面をドラッグすることで、注釈ツールをオフにせずにページをスクロールできる。

2 入力した注釈を編集する

 →

注釈を軽くタップするとメニューが表示される

色や透明度を変更することができる

入力した注釈内容を修正したり、削除する場合は、注釈を1本指で軽くタップ。メニューが表示されるので、色を変更したり、注釈範囲を変更しよう。

3 PDFを外部へ保存する

 →

共有メニューから注釈を入れたアプリを外部へ保存する

「リンクを作成」をタップ

「共有」をタップ

ファイルを外部へ保存したり、共有するには、共有メニューをタップする。「共有」をタップして「リンクを作成」からAdobe Document Cloud経由で共有リンクを作成できる。

紙資料をスキャンして注釈を入れよう

1 Adobe Scanをインストールする

右上のカメラをタップ

Adobe Scanをインストール

紙をスキャンして注釈を入れるなら、右上のカメラをタップ。Adobe Scanのページが開くのでインストールしよう。無料でダウンロードできる。

2 Adobe Scanで撮影する

「PDFを保存」をタップ

Adobe Scanを起動して、資料を撮影しよう。撮影後、右上の「PDFを保存」をタップして保存する。

3 Adobe Acrobatで注釈を入れる

「Acrobatで開く」をタップ

Adobe Scanの管理画面に戻り、スキャンした資料の右下にある「Acrobatで開く」をタップしよう。Adobe Acrobatで開いて、注釈を入れることが可能だ。

まとめ

Adobe純正で動作は安定しているが注釈ツールの数は少なめ

Adobe純正のアプリだけあって、動作の安定性は抜群だ。入力した注釈が相手のPCやモバイル端末で表示できなかったり、レイアウトが崩れてしまうことはほとんどない。インターフェースもシンプルで、直感的に利用できる。iPadで初めてPDF注釈アプリを利用する人におすすめのアプリだ。

ただし、PC版のように多彩な注釈ツールは備えていないのが残念。テキスト置換ツールやテキスト挿入ツール、またシェイプ機能など、もう少し複雑な注釈ツールを利用したいなら、Foxit PDF Readerなどを使うといいだろう。

論文の管理やメモを取るのに便利な注釈アプリ

MarginNote 3

論文や研究レポートの注釈や管理に便利な機能が満載

　大学の論文や世界中で公開されている学術論文の多くはワードかPDF形式で配布されている。そのままでも閲覧できるが、ページ数の多い書籍や論文に注釈を入れたり、内容を再整理するなら「MarginNote 3」をインストールしておこう。

　MarginNoteは書籍や論文から重要な部分を抜き出し、再構成するのに便利ノートアプリ。PDFファイルをインポートすると見開きページで開き、書籍のように読みやすくしてくれる。注釈ツールが内蔵されており論文内のテキストに対してハイライトやメモを付けることができるほか、付けられている注釈を削除、編集することも可能だ。また、Google翻訳機能と連携して指定したテキストを日本語に素早く翻訳できる。論文の多くが英語形式なのでこの機能は非常に便利だ。

　ほかのノートアプリと異なるのは注釈を入れた部分を別途、フラッシュカードにして管理できること。注釈を入れると自動でカード化され「学習」画面に保存されていく。「学習」に保存されたフラッシュカードはドラッグして自由に移動させ、カードをツリー形式でつなぎ合わせてマインドマップやフローチャートを作成することが可能だ。膨大なページの書籍や論文から要点を抜き出して、視覚的にまとめたいときに便利だ。

MarginNote 3
作者／Sun Min
価格／1,600円(試用期間14日間あり)
カテゴリ／仕事効率化

MarginNote 3の基本的な使い方と手順

1 ノート画面画面

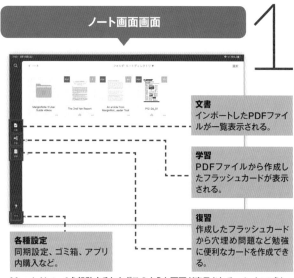

文書
インポートしたPDFファイルが一覧表示される。

学習
PDFファイルから作成したフラッシュカードが表示される。

復習
作成したフラッシュカードから穴埋め問題など勉強に便利なカードを作成できる。

各種設定
同期設定、ゴミ箱、アプリ内購入など。

MarginNote 3を起動するとまずこのような画面が表示される。ノートアプリ全体を管理する画面でここからPDFをインポートしたり、作成したフラッシュカードを管理する。

2 PDFをインポートする

タップ

「ファイルから文書を追加」をタップ

ファイルをインポートするには「文書」画面で左上のボタンをタップして「ファイルから文書を追加」をタップ。

3 注釈を付ける

注釈ツールを使って注釈を付ける

ファイルが読み込まれる。上部にある注釈ツールを使ってハイライトを引いたり、ドローイングで注釈を付けていこう。

4 「学習」タブでフラッシュカードを編集する

付けた注釈は自動的にフラッシュカードとして保存される。「学習」画面で保存したフラッシュカードを使ってフローチャートやマインドマップを作成しよう。

こんな用途に向いている!
●学生、教育者、研究者たちの論文まとめ
●読書ノートの作成
●マインドマップの作成

PDFに注釈を付ける

ハイライトを付ける

1

ハイライトボタンをタップ
ドラッグする
カラーを選択する

PDFを読み込んだら注釈を付けてみよう。ハイライトを付けるにはハイライトボタンをタップして対象箇所をドラッグする。カラーを変更することもできる。

ドローイングする

2

ドローイングボタンをタップ
ドローイングを行う
ペンとカラーを選択する

手書きのドローイングによる注釈を入力するにはドローイングボタンをタップ。iPadのスケッチツールが表示されるのでペンとカラーを選択してドローイングを行おう。

外部に書き出す

3

共有ボタンをタップ
PDF形式でエクスポートを選択する

注釈を入れたPDFを書き出すには、上部メニューから共有ボタンをタップして「PDF形式でエクスポート」を選択しよう。

フラッシュカードを作成する

「+学習に追加」を選択する

1

タップ
範囲選択する
「+学習に追加」を選択する

フラッシュカードを作成するには、ツールバーから枠組みツールを選択して、カード化したい部分を範囲選択し、「+学習に追加」をタップしよう。

「学習」画面を開く

2

カードをほかのカードにくっつける

「学習」画面に移動すると自動的に範囲選択した箇所のフラッシュカードが作成されている。ドラッグして位置やサイズを変更できる。ツリー状にするにはカードをくっつければよい。

ツリーを解除する

3

外側にドラッグしてツリーを解除する

カードとカードの間に作成されたツリーを解除したい場合は、カードを外側の白い部分にドラッグ&ドロップしよう。

まとめ

論文ファイルの管理に特化している点がメリット

数あるPDF注釈アプリの中でもMarginNoteは特に論文レポートをまとめたり、管理するのに特化した機能が搭載されている。指定した箇所をGoogle翻訳で翻訳してくれる「リサーチブラウザ」は非常に個性的だ。さらに、別途プラグインを利用することでDeepLと連携することもできる。

ほかに、フラッシュカードを基に作成できるマインドマップやフローチャートなど学習支援に役立つ機能が満載。論文PDFを管理する際、これまでの注釈アプリでは満足できない人は乗りかえを検討しよう。

重要な部分を抜き出して付箋のように管理する注釈アプリ

LiquidText

注釈を付箋形式で切り取りビジュアル的に管理する

注釈アプリはたくさんあるが、あとで注釈を確認する際、リストから1つ1つ開いて内容を確認しないとならず面倒だ。メモだったりハイライトだったり表示形式もバラバラで閲覧しづらい。入力した注釈内容を効率よく把握するなら「LiquidText」を使おう。

「LiquidText」は、PDFやWordファイルに注釈を付けることができるアプリ。ハイライトやコメントを付けるだけでなく範囲指定部分を抜き出し、別のスペースに付箋のようにしてスクラップ保存できる。作成された付箋は自由に位置を配置させたり、カラーを設定したりしてわかりやすく管理できる。特に資料から重要な部分を抜き出したあと、全体を一目で把握し

たいときに非常に役立つだろう。MarginNoteやFrexcilが複雑で使いづらい人におすすめなシンプルなスクラップノートアプリだ。

さらに、作成した付箋同士を近づけると、マグネットのように結合させることができる。完全に1つに結合されるわけではなく、ツリー上に緩やかに結合されており、付箋の位置は自由に調整できる。フローチャート

やマインドマップのような使い方もできる。

なお、無料版は利用できる機能が限られている。試用して便利だと感じたらプロ版にアップデートするのもよいだろう。

LiquidText
作者／LiquidText, Inc.
価格／無料
カテゴリ／仕事効率化

LiquidTextのインターフェース

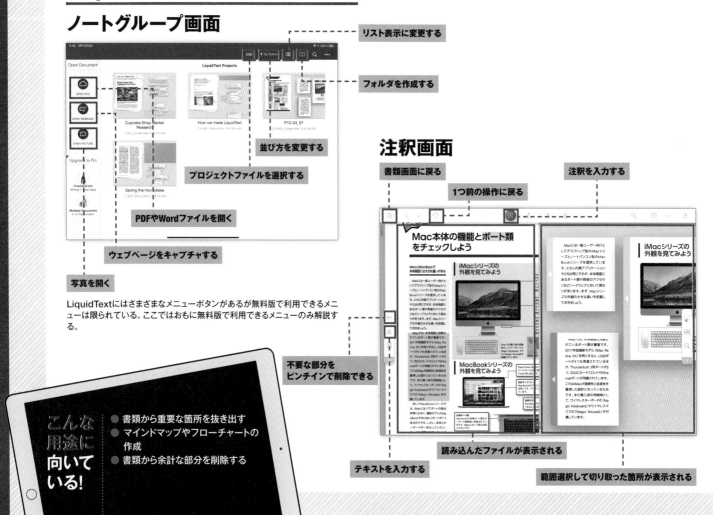

ノートグループ画面

- リスト表示に変更する
- フォルダを作成する
- 並び方を変更する
- プロジェクトファイルを選択する
- PDFやWordファイルを開く
- ウェブページをキャプチャする
- 写真を開く

LiquidTextにはさまざまなメニューボタンがあるが無料版で利用できるメニューは限られている。ここではおもに無料版で利用できるメニューのみ解説する。

注釈画面

- 書類画面に戻る
- 1つ前の操作に戻る
- 注釈を入力する
- 不要な部分をピンチインで削除できる
- テキストを入力する
- 読み込んだファイルが表示される
- 範囲選択して切り取った箇所が表示される

Mac本体の機能とポート類をチェックしよう

こんな用途に向いている!
● 書類から重要な箇所を抜き出す
● マインドマップやフローチャートの作成
● 書類から余計な部分を削除する

注釈を付けて切り取る

1 対象を範囲選択する

範囲選択する
「A」をタップ
カラーを選択する

上部メニューから「A」を選択したあと、対象の範囲をドラッグで囲い込む。下にツールバーが表示されるのでカラーを選択したり、コメントを付けよう。

2 対象範囲を切り取る

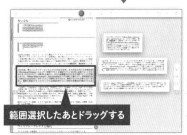

範囲選択したあとドラッグする

範囲を指定したあと、ペンや指を離さず右側のスペースにドラッグするとその部分を抜き出して付箋のように保存することができる。

3 切り取った部分をつなぎ合わせる

抜き出した付箋はドラッグしてほかの付箋に重ねることでマグネットのようにくっつけてフローチャートを作成できる。

付箋をカスタマイズする

1 サイズやカラーを変更する

カラーを変更する
ドラッグしてサイズを変更する

切り出した付箋は四隅をドラッグするとサイズを変更できる。タップして表示されるツールバーからカラーを変更することもできる。

2 付箋にコメントを付ける

「Comment」をタップ
コメントを入力する

付箋にコメントを付けることもできる。付箋をタップして表示されるツールバーから「Comment」をタップしてコメントを入力しよう。

POINT

PDFから不要な部分を消去する

注釈画面左に設置されているツールバーの一番上のボタンを押したあと、書類の不要な部分をピンチインするとその部分を消去することができる。

タップ
ピンチイン

まとめ

ウェブページ上の文章をまとめたいときに便利

指定した部分を切り抜いてカードを作るところは前ページのMarginNoteと似ているが、MarginNoteほど複雑なカード処理はできない。しかし、LiquidTextは非常にシンプルで使いやすく、初めてでも直感的に利用できる。論文のような長いレポートではなく、ウェブページやメールなどちょっとした文章をまとめるのに向いているだろう。実際、LiquidTextにはウェブページキャプチャ機能やメールインポート機能が搭載されている。また、MarginNoteの複雑なインターフェースが苦手という人にもおすすめだ。

**このアプリの
ポイント**
- 手書きでキーボード入力ができる
- あらゆるアプリに対応している
- 日本語未対応のスクリブルの代替になる

手書きした文字を自動でテキストデータに変換する

mazec

日本語対応していない
スクリブルの代替として
手書きアプリを使おう

iPad OS14の目玉機能の1つの「スクリブル」機能は、Apple pencilで手書きした文字を自動でテキストに変換してくれる便利な機能だが、残念ながら今のところ日本語に対応していない。しかし、手書き日本語入力アプリをインストールすることで、手書きした文字を自動でテキストに変換することが可能だ。アプリ

はいくつかあるがおすすめは「mazac」だ。

mazecはiPadのキーボードに手書き入力キーボードを追加してくれるアプリ。インストール後、キーボードの地球儀マークからmazecキーボードに切り替え、文字入力欄に日本語で手書き入力を行おう。自動でテキストに変換してくれる。メール、メモ、ブラウザ、アドレス帳などあらゆるアプリに対応している。スクリブルと同じく各アプリ内に

ある検索ウィンドウやウェブサイト内の入力フォームをタップしたときも手書きで日本語入力することができる。キーボード入力が苦手で常に手書きでテキスト入力したい人には必須のアプリだ。

また、ほかの手書きアプリよりも変換精度が非常に高いことで評価が高い。かなり汚い文字で書いてもきちんと入力したい内容を予測してくれる。誤変換があった場合は、該当する文字

（箇所）だけを削除して書き直すだけでなく、ほかの候補文字を表示して切り替えることも可能だ。

mazec
作者／MetaMoJi
Corporation
価格／1,100円
カテゴリ／ユーティリティ

mazecの初期設定と基本的な使い方

キーボードの設定を変更する 1

「一般」をタップ

「キーボード」をタップ

mazecを利用できるようにするには、インストール後、設定画面を開き「一般」から「キーボード」を選択しよう。

キーボードの設定を変更する 2

「mazec」をタップ

キーボードメニューから「キーボード」を選択して「新しいキーボードを追加」をタップする。表示される画面で「mazec」をタップしよう。

mazecキーボードに切り替える 3

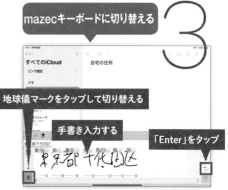

地球儀マークをタップして切り替える

手書き入力する

「Enter」をタップ

iPadのキーボードを起動したら地球儀マークをタップして、mazecキーボードに切り替えよう。入力欄に直接手書きして「Enter」をタップすればテキスト変換されて入力できる。

検索フォームにも対応 4

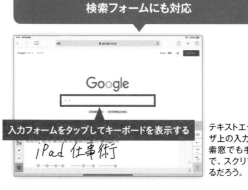

入力フォームをタップしてキーボードを表示する

テキストエディタだけでなくブラウザ上の入力欄やほかのアプリの検索窓でも手書き入力ができるので、スクリブルの代用として使えるだろう。

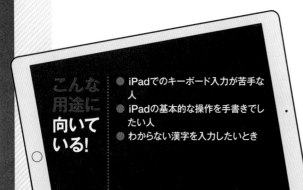

こんな
用途に
向いて
いる!
- iPadでのキーボード入力が苦手な人
- iPadの基本的な操作を手書きでしたい人
- わからない漢字を入力したいとき

誤変換があったときでも簡単に修正できる

変換対象の文字を選択する 1

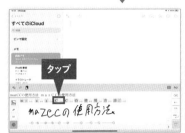

タップ

変換精度が高いmazecだがそれでも誤変換してしまうときがある。そんなときは修正したい文字の上に表示される文字をタップする。

正しい文字を選択する 2

文字を選択する

候補から正しい文字を選択しよう。もし候補に表示されない場合は、「消す」を選択してもう一度手書きで書き直すとよい。

わからない漢字はひらがなで書こう

P O I N T

難しい漢字、書けない漢字はドンドンひらがなで入力しよう。
交ぜ書き変換機能できっちりと変換できる。

タップ

単語登録をする

mazecの設定画面を開く 1

「単語登録」をタップ

mazecでは一般の日本語入力アプリと同じ単語登録もできる。ホーム画面のmazecアイコンをタップして設定画面を開き「単語登録」を開く。

読みと変換文字を登録する 2

タップ

タップ

タップ

「読み」に手書き入力する文字を登録し、「単語」に上の「読み」で登録した文字を手書きした際に変換候補に表示させる文字を入力して「登録」をタップしよう。

短文登録で住所を一発入力 3

タップ

字形と変換候補短文を入力する

「短文登録」ではオリジナルの字形から50文字以内の短文に変換させることができる。よく使うフレーズや住所を登録しておくといいだろう。

まとめ

iPadのあらゆる操作を手書きで行いたい人に必須

現在のiPadは、Apple Pencilを使って手書き・iPad操作を基盤にする方向と、別売りのキーボードを取り付けてノートPCのように操作する方向へ別れつつある。

今後、手書き操作でiPadを利用したいと思っているユーザーならmazecのインストールはとても有効だ。手書きでのキーボード入力に慣れれば、外付けキーボードを取り付け

る必要がなくなるので、持ち運びしやすくなり、重量も軽くもなる。逆にノートPCのように使いたい人にはあまり向いてないアプリともいえるだろう。

このアプリのポイント
- ●手書きメモをテキスト形式で出力できる
- ●手書きした文字から必要な部分だけをテキスト化できる
- ●Apple Pencil専用メモアプリ

手書きでメモした内容をデジタルデータに変換する

Nebo

全体の文脈を分析して手書きメモを適切なテキストに変換してくれる

大学の講義や講演会の内容をメモする際、PCでカチャカチャとキーボードの音を鳴らすと周囲に迷惑だ。しかし、手書きでメモすると、あとでメモした内容を打ち直すのに非常に手間がかかる。そこで便利なのが「Nebo」というアプリだ。

Neboは、手書きした内容を素早くテキスト形式に変換できるアプリ。書いた文字をダブルタップするだけでテキストに変換することができる。入力した文字すべてが自動でテキスト変換されるmazecと異なり、Neboはノートアプリということもあり必要な部分だけを選択してテキスト変換することが可能だ。

この手のアプリはいくつかあるが、本アプリはOCR（光学認識機能）が抜群に優れており、汚い走り書きの手書き内容でも、かなり正確に変換することができる。文章全体の文脈を判断して変換してくれるので、長文であればあるほど認識精度は高くなる。また、ペンの太さを0.15から1.0まで調節できるので、自分にあったペンを選んで、きれいな手書き文字を描くことで、より正確に変換できる。

また、手書きした四角や矢印をダブルタップすると、きれいな形に自動修正してくれる。図形内にもテキスト入力ができるので、手書きでのチャート作成にも役立つだろう。

本アプリはApple Pencil専用アプリとなるので、事前にApple Pencilと対応のiPadを用意しておこう。

Nebo
作者／MyScript
価格／無料(App内課金あり)
カテゴリ／仕事効率化

Neboのメイン画面

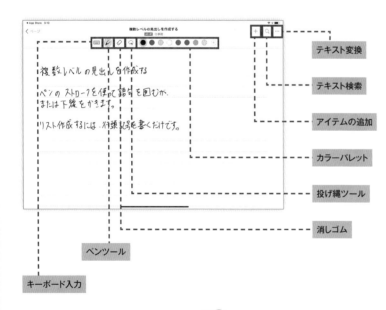

- テキスト変換
- テキスト検索
- アイテムの追加
- カラーパレット
- 投げ縄ツール
- 消しゴム
- ペンツール
- キーボード入力

ノートブックの名前とカラーを設定する

ノート名を入力する / カラーを指定

初回起動時にノートブックの名前とカラーを設定しよう。

初回起動時は日本語設定にしよう

日本語を選択する

初回起動時の言語設定画面で日本語ファイルを必ずダウンロードしよう。

こんな用途に向いている！
- ●大学の講義ノートのデジタル化
- ●タイピング音が出せない場所でのメモ作成
- ●数式の作成

手書きメモを
テキストデータに変換する

手書きしたメモを変換する

1

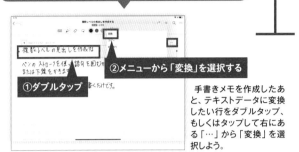

②メニューから「変換」を選択する

①ダブルタップ

手書きメモを作成したあと、テキストデータに変換したい行をダブルタップ、もしくはタップして右にある「…」から「変換」を選択しよう。

「すべて変換」を選択する

2

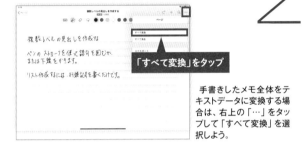

「すべて変換」をタップ

手書きしたメモ全体をテキストデータに変換する場合は、右上の「…」をタップして「すべて変換」を選択しよう。

変換したデータを外部へ保存する

3

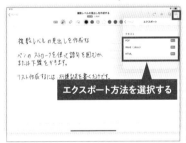

エクスポート方法を選択する

文脈全体を理解して変換するので、ほとんど語句は修正する必要はない。外部へエクスポートするには、右上の「…」から「エクスポート」を選択しよう。

手書きで
ダイアグラムを作成する

ダイアグラムを作成する

1

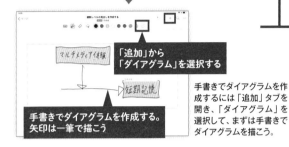

「追加」から「ダイアグラム」を選択する

手書きでダイアグラムを作成する。矢印は一筆で描こう

手書きでダイアグラムを作成するには「追加」タブを開き、「ダイアグラム」を選択して、まずは手書きでダイアグラムを描こう。

ダブルタップして変換する

2

ダブルタップ

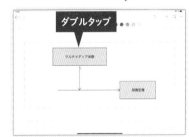

作成した手描きのダイアグラムをダブルタップしよう。するとこのように、文字はもちろん図形もきれいな形に自動で直してくれる。

手書き文字を
そのままテキスト認識

POINT

ほかのノートアプリでもテキスト変換機能はあるが、Neboは手書き文字の時点で自動でテキスト化されている。そのため、手書き文字をタップするとキーボードが表示され1字ずつ削除でき、消しゴムを使う必要がない。

まとめ

プレゼン資料制作や
数学ノートにも
活用できる

手書きした文章をテキストに変換するのがメイン機能だが、本アプリはほかにもたくさんの独自の便利な機能が備わっている。四角や円などの手書きした図形をタップして

きれいな図形に変換したり、手書きの数式をタップしてきれいな数式に変換することができる。またMicrosoft Word文書やPDF形式で出力することができるので、プレ

ゼン資料制作や数学のノートとしても活用できるだろう。日常のメモとして利用するよりも、学校や研究機関、職場などの利用で活躍が期待されるアプリだ。

高機能で簡単な間取りアプリを使ってみよう

まどりっち

**手書き感覚でラフな
住宅間取り図を
簡単作成**

「まどりっち」は手書きでラフな住宅間取り図を簡単に作成できるアプリ。起動すると表示されるグリッドに沿って手書きで書き込んだ形状に応じて自動的に間取りの形に補正してくれる。

作成された間取りには部屋の面積を平方単位や帖数で表示

し、また、作成した間取り全体の坪数も表示してくれる。修正したい場合は、該当箇所をペンでこするだけで削除できる。

各間取り内に「リビング」や「寝室」などの頭文字を描くと部屋名の候補がいくつか表示される。候補名をタップすると部屋名が入力され、その部屋名に応じたカラーを付けてくれる。

また、部屋の区切り線をペン

でドラッグすると「戸」「窓」「開口」などの建具名の候補が表示され、選択すると賃貸広告の間取り図で描かれているような建具イラストを入力することができ、戸の種類では「片開」「2枚引違い」などかなり細かく設定することも能だ。

さらに、キッチン・家具などのオブジェクトのイラストを部屋の好きな場所に描くことができ

る。設置箇所上で手書きするだけで自動で家具イラストに変換してくれる。不動産屋に希望する部屋を具体的に示したいときなどに役立つだろう。

まどりっち

作者／福井コンピュータアーキテクト株式会社
価格／無料

まどりっちのインターフェースをチェックしよう

壁ツール
間取り（壁）を作成するためのツール。グリッドに沿って書き込むと自動的に壁が配置される。

ドローイングツール
自由に手書きができる。

部屋名ツール
作成した部屋の領域に部屋名の先頭から何文字かを書き込むと候補ボタンが表示され、タップすると部屋名を設定できる。

消しゴム
作成した間取りを消去できる。

建具ツール
作成した壁の上をなぞると、扉、窓などの建具を設置できる。

写真ツール
iPad内にある写真をインポートしたりカメラ撮影して貼り付けることができる。

部品ツール
書き込んだ形状に応じて、テーブルや机など家具を表すような形状を配置できる。

定規ツール
エリアの好きな場所にきれいな直線が描ける。

階層
階層を変更して階層ごとに間取りを作成できる。

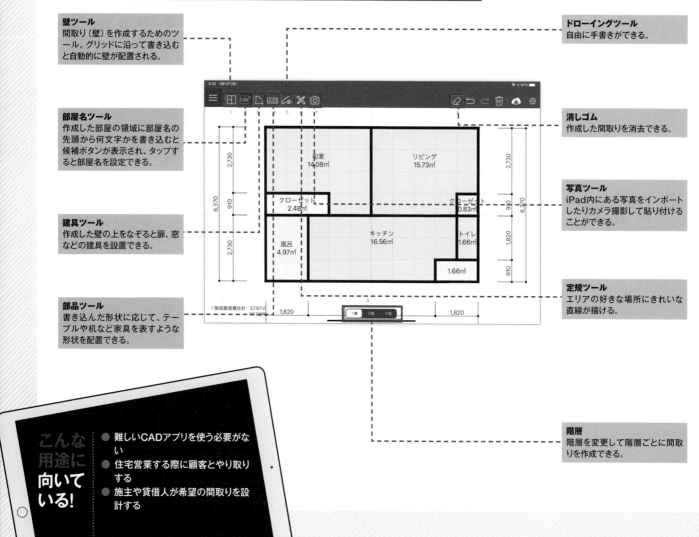

こんな用途に 向いている！
● 難しいCADアプリを使う必要がない
● 住宅営業する際に顧客とやり取りする
● 施主や貸借人が希望の間取りを設計する

● まどりっち

基本的な間取りを作成する

壁を描く

1

壁ツールを選択

グリッドに沿って線を描く

まずは部屋全体のざっくりした間取りを作成しよう。壁ツールを選択してグリッドに沿って線を描くと壁や間取りが自動的に作成される。

部屋に名前を付ける

2

部屋名ツールを選択

タップして部屋名を選択する

作成した各部屋に名前を付けるには、部屋名ツールをクリック。各部屋をクリックすると候補名が表示されるので適当なものを選択すると入力される。

POINT!

単位を「帖」に変更する

標準では部屋の大きさは平方メートルで表示されるが、大きさが把握しづらい場合は帖単位に変更しよう。右上の設定ボタンをタップして部屋面積の単位を「帖」に変更すればよい。

建具やオブジェを追加する

戸や窓を作成する

1

適切なものを選択する

建具ツールを選択

壁をなぞる

部屋の壁に戸や窓を入力するには建具ツールを選択して、入力する壁をなぞる。すると「戸」「窓」「開口」などのメニューが表示されるので適切なものを選択する。

家具やオブジェを作成する

2

キッチンシンクや洗面台などを入力したい場合は部品ツールを選択。該当する箇所を手書きしよう。細い線できれいな直線や円が描けるので家具を作成しよう。

作成した間取りを保存する

3

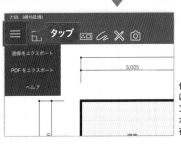

タップ

作成した間取りを保存するには、左上のメニューボタンをタップしよう。画像形式かPDF形式か選択して保存できる。

まとめ

CADアプリが苦手な人には絶対おすすめ！

建築関係のアプリといえば多機能で3Dにも対応しているCADアプリが一般的だが、操作が難しく値段も高いため使いこなせないという人は多いはず。部屋を借りるときや家を購入する際に不動産屋に具体的な間取りの提案をする程度であれば本アプリで充分だ。特殊で類似アプリは少ないが、初めてでも直感的に利用できるシンプルで使いやすいインターフェースがメリット。作成した間取りを画像やPDFなど汎用性の高いファイル形式で出力できる点も良い。

このアプリのポイント
- ●ウィジェットにメモを追加できる
- ●無制限にウィジェットに追加できる
- ●シンプルで使いやすいインターフェース

iPadのウィジェット画面からメモをチェックする

ウィジェット手書きメモ

アプリを起動せず素早くメモ内容を確認する

手書きしたメモを確認するのに特定のアプリを毎回起動するのは時間がかかる。作成したメモを素早く確認したいならウィジェットに対応しているメモアプリを使おう。ホーム画面から素早く内容を確認できる。「ウィジェット手書きメモ」は、その名の通り手書きしたメモを

iPadのウィジェットに設置できるアプリ。アプリを起動すると真っ白なキャンバスが表示されるので、iPad標準のスケッチツールを使って描こう。作成したメモにはタイトルを付けることができる。非常にシンプルな設計だ。

ウィジェットとして利用できるようにするには、事前にiPadのウィジェット編集画面でウィジェット手書きメモを追加して

おく必要がある。追加したウィジェットを長押しするとメニューが表示されるので、作成した手書きメモから実際に表示させるメモを選択しよう。メモ内容がサムネイル表示されるので、アプリを起動させる必要はない。

なお、手書きメモのウィジェットはいくつでも追加でき、またサイズは小・中・大とカスタマイズすることができる。ほかの

ウィジェット同様にドラッグで自由に位置を変更できる。

ウィジェット手書きメモ
(memo widget)
作者／Shigeki Matsunaka
価格／無料
カテゴリ／仕事効率化

ウィジェットに手書きメモを追加しよう

ウィジェットを編集する
1
ウィジェットを表示させる
「編集」をタップ

アプリをインストール後、iPadのウィジェットを編集する必要がある。画面左から右へスワイプしてウィジェットを表示させ「編集」をタップ。

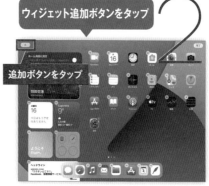

ウィジェット追加ボタンをタップ
2
追加ボタンをタップ

ウィジェット編集画面に切り替わったら、左上にあるウィジェット追加ボタンをタップする。

ウィジェットを追加する
3
「手書きメモ」を選択する

ウィジェット追加画面が表示される。「手書きメモ」を選択しよう。

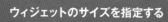
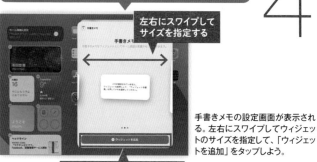

ウィジェットのサイズを指定する
4
左右にスワイプしてサイズを指定する

「ウィジェットを追加」をタップ

手書きメモの設定画面が表示される。左右にスワイプしてウィジェットのサイズを指定して、「ウィジェットを追加」をタップしよう。

こんな用途に向いている!
- ●iPad起動時に素早くメモを確認できる
- ●買い物リストやタスクリストの代わりになる
- ●覚えておきたい単語リストの作成

手書きメモを
作成する

1 スケッチツールでメモを作成する

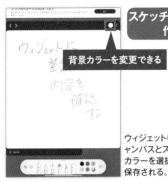

背景カラーを変更できる

ウィジェット手書きメモを起動すると白いキャンバスとスケッチツールが現れる。ペンとカラーを選択してメモを作成しよう。自動で保存される。

2 メモ一覧画面を表示する

新規メモを作成する

メニューボタンをタップ

作成したメモを確認するには左下のメニューボタンをタップ。作成したメモがサムネイル表示される。新規メモを作成するには「+」をタップする。

3 メモにタイトルを付ける

メニューボタン横をタップする

ウィジェットに追加する前にメモにタイトルを付けておこう。メニューボタン横をタップするとキーボードが表示され、メモに好きなタイトルを付けることができる。

作成したメモを
ウィジェットに表示させる

1 ウィジェットを編集する

長押しする

メモを選択する

メモをウィジェットに表示させるには、ウィジェットを長押しして、作成したメモを選択しよう。

2 メモ内容が表示される

選択したメモ内容が表示される。ほかのメモを表示させたい場合は新たにウィジェットを追加して同じ操作を繰り返そう。

ほかのノートアプリでも
ウィジェット対応しているものがある

ノートアプリの中にはウィジェット対応しているものもある。他にノートアプリをインストールしているなら、一度ウィジェットの設定画面を開いてノートアプリ名が表示されるかチェックしてみよう。なお、iPad標準の「メモ」アプリもウィジェット対応しており、内容のサムネイル表示はできないが素早く目的のメモにアクセスすることができる。

POINT

まとめ

iPadを
横向きにすれば
ホーム画面に
固定表示させることも

「メモ」アプリはウィジェット対応しているものの、メモのタイトルが表示されるだけで手書きした内容をサムネイル表示できないのが不便。本アプリはウィジェット上でそのまま手書き内容を確認することができる。

また、最新iPadは横向きにしたときにウィジェットを固定表示させることができるので、手書きメモを固定表示させることができる。実質ホーム画面上に手書きメモを表示させることが可能だ。特定のメモを常に表示させたい人に便利だ。

YouTubeの動画内容を手書きでメモしよう
スクラップノート

**YouTube動画をスクラップ
そのまま再生して
内容をメモもできる**

　YouTubeから流れる音声を手書きでメモする場合は、通常Split ViewやSilde OverでiPadの画面を分割し、片方の画面で動画を再生し、もう片方の画面でメモを取ることになる。しかし、これだとドローイングエリアが狭くなりメモが取りづらい。学習や情報収集などでYouTubeから頻繁にメモを取る人は「スク

ラップノート」を使おう。

　スクラップノートはYouTube動画をスクラップできるノートアプリ。ノートアプリ上からYouTubeやVimeoなどの動画サイトに直接アクセス可能なブラウザ機能を搭載しており、気になる動画をノートに貼り付けることができる。ノートに貼り付けた動画はそのまま直接再生できるほか、全画面モードにして再生することもできる。また、Safariのブックマークレットを利用

して、今見ているページをすぐにスクラップすることもできる。

　ノートアプリ機能も充実しており、マーカー、羽根ペン、蛍光ペンなどを使って手書きでメモできる。写真をインポートすることもできるので、スクリーンキャプチャして保存した動画の一部を貼り付けるのもよいだろう。貼り付けた動画の大きさや位置も自由に変更できる。

　また、スクラップノートではキーボードを使ってテキストを

入力することもできる。動画のタイトル、概要といった基本的な情報はテキスト入力しつつ、重要な部分だけドローイングでメモを入れるといった使い方がおすすめだ。

スクラップノート
作者／groosoft
価格／610円
カテゴリ／仕事効率化

スクラップノートの基本のメイン画面

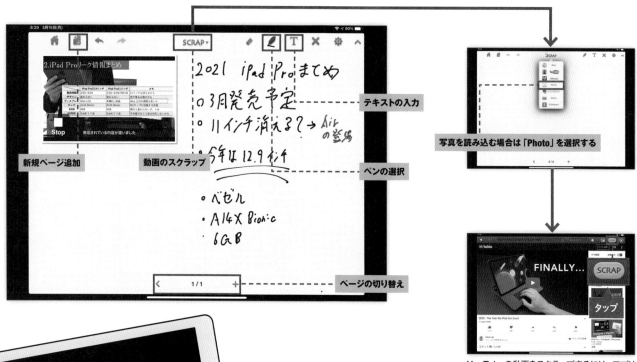

テキストの入力

ペンの選択

新規ページ追加

動画のスクラップ

ページの切り替え

写真を読み込む場合は「Photo」を選択する

YouTubeの動画をスクラップするには、アプリ上部にある「SCRAP」をタップして、メニューから「YouTube」を選択する。ブラウザが起動するので検索フォームからスクラップしたい動画を表示し、右上の「SCRAP」を選択しよう。

**こんな
用途に
向いて
いる!**

●YouTubeで学習をする人
●iPadのマルチタスク機能が
使いづらい人
●メモよりスクラップが好きな人

スクラップした動画を
カスタマイズする

長押ししてメニューを表示する

1

動画を長押しする

ドラッグして移動する

動画を長押しするとメニューが表示される。この状態で動画をドラッグすると位置を移動できる。

動画のサイズを変更する

2

角をドラッグ

動画のサイズを変更したい場合は、長押ししてメニューを表示させたあと、動画の角をドラッグしよう。

動画の情報を編集する

3

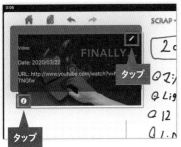

タップ

左下の「i」をタップすると動画の情報画面が表示される。右上の編集ボタンをタップして動画にタイトルを追加できる。

ウェブページの内容を
スクラップする

ウェブブラウザを起動する

1

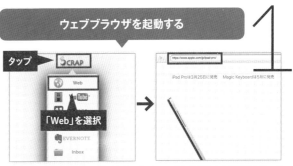

タップ

「Web」を選択

ウェブページをスクラップするには、「SCRAP」から「Web」を選択する。ブラウザが起動するのでアドレスバーにURLを入力しよう。

スクラップする範囲を指定する

2

タップ

範囲を指定する

ページ内の指定した部分をスクラップする場合は、切り抜きボタンをタップしてスクラップする範囲を指定しよう。

ノートのテーマを
変更する

POINT

標準では無地のノートだが、設定画面の「用紙を選ぶ」から用紙のテーマを変更することができる。方眼紙や罫線紙のほか動画や画像をスクラップするエリアのある用紙などスクラップノート独自のテーマが用意されている。

まとめ

YouTube動画で
勉強する人には
絶対おすすめ！

スクラップノートは手書き機能としてはほかのノートアプリよりも弱いが、YouTube動画をそのまま貼り付け再生できるのが最大の特徴だ。そのため、情報をコピー&ペーストできない動画や音声を再生しながら重要なところを手書きでサクッとメモしたいときに便利。日常的にYouTubeで情報収集したり勉強している人には必須のアプリだろう。なお、ページには複数の動画を貼り付けることもできるので、分割された動画は、サイズを自分で調節してサムネイル表示のように整理しよう。効率的に連続再生できるだろう。

WindowsとAppleの両方でメモを共有できる

Microsoft OneNote

**Microsoft純正の
手書きメモだから
Windowsと同期できる**

　手書きアプリの大半は、作成したメモをMacをはじめAppleのほかのデバイスと共有することが可能。しかし、ユーザーの中にはメインPCにWindowsを使っている人も多いはず。手書きメモをWindowsと共有する機会が多い人は、Microsoftの手書きメモアプリ「OneNote」を使うといいだろう。

　OneNoteはMicrosoft純正のノートアプリ。気になることをサクッとテキスト形式でメモすることができ、また手書き機能も搭載している。マイクロソフトアカウントでログインしていれば、Windowsに標準搭載しているOneNoteアプリとクラウド経由（OneDrive）でメモを同期することが可能だ。AppleとMicrosoftの両方のデバイスを利用している人に非常に便利だ。
　ペン、鉛筆、マーカーの3種類

の筆が用意されており、自由にサイズやカラーを変更することができる。図形変換モードを有効にすればドローイングで描いた円や四角をきれいに自動補正してくれる。投げ縄ツールを使って囲んだメモは、自由にカット＆ペーストしたり、サイズを変更することが可能だ。また、作成した手書きメモをセクションやノートブックを使って細かくカテゴリ別に分類することができる。
　Microsoft製だけあって、プレ

ゼンテーションファイルを添付したり、数式を入力したり、表を挿入するなどオフィス周りの機能が充実しているのも魅力で、作成した仕事関係の重要なメモにはパスワードロックをかけることも可能だ。

**Microsoft
OneNote**
作者／Microsoft
Corporation
価格／無料
カテゴリ／仕事効率化

OneNoteのメニューを把握しよう

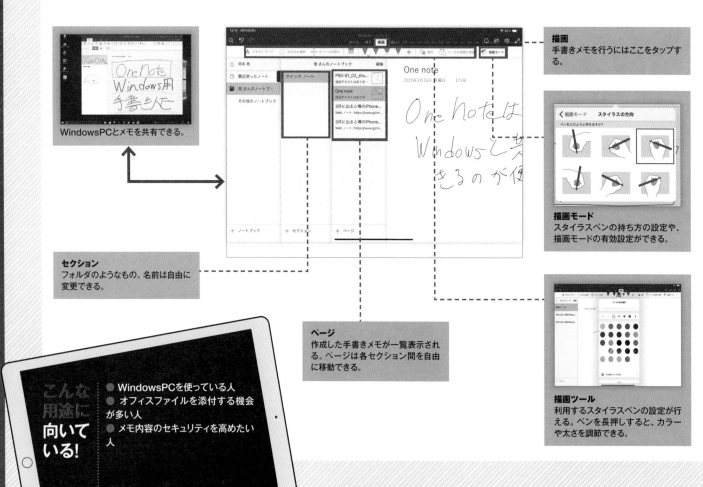

WindowsPCとメモを共有できる。

描画
手書きメモを行うにはここをタップする。

描画モード
スタイラスペンの持ち方の設定や、描画モードの有効設定ができる。

セクション
フォルダのようなもの。名前は自由に変更できる。

ページ
作成した手書きメモが一覧表示される。ページは各セクション間を自由に移動できる。

描画ツール
利用するスタイラスペンの設定が行える。ペンを長押しすると、カラーや太さを調節できる。

**こんな
用途に
向いて
いる!**
● WindowsPCを使っている人
● オフィスファイルを添付する機会が多い人
● メモ内容のセキュリティを高めたい人

OneNoteで手書きメモを 作成して整理しよう

新規ページを作成して手書きする　1

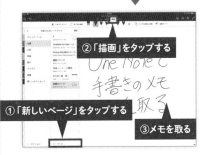

②「描画」をタップする

①「新しいページ」をタップする

③メモを取る

「新しいページ」をタップする。ノートが起動したら上部メニューから「描画」をタップすると手書きモードに切り替わる。ペンを選択してメモを取ろう。

図形を自動的に修正する　2

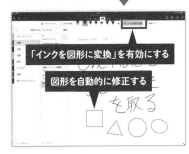

「インクを図形に変換」を有効にする

図形を自動的に修正する

「インクを図形に変換」を有効にして、四角や丸などの図形を描くと、自動できれいな形に修正してくれる。

なげなわ選択でカスタマイズする　3

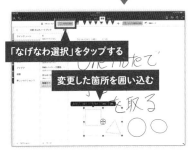

「なげなわ選択」をタップする

変更した箇所を囲い込む

手書きしたメモをカット、コピー、移動、サイズ変更などをするには「なげなわ選択」をタップして、変更したい箇所を囲い込もう。自由にカスタマイズできるようになる。

作成したメモにさまざまな ファイルを挿入しよう

「挿入」からツールを選択する　1

「挿入」を選択して、添付するファイルの種類を選択する

ファイルを添付する場合は、上部メニューの「挿入」を選択する。多機能で「オーディオ」をタップすると録音が開始される。議事録の記録に便利だ。

オフィスファイルを添付してみよう　2

添付ファイルをタップするとメニューが表示される

エクセルやワードを添付する場合は「ファイル」を選択して、ファイルを指定する。添付ファイルをタップして現れるメニューからプレビュー表示することもできる。

数式を使って計算する　3

「数式」をタップする

数式を入力する

ツールメニューの「数式」をタップして表示されるボックス内に数式を入力すると、自動で計算して表示してくれる。

まとめ

Windowsやオフィスを日常的に使っている人におすすめ

日常的にWindows PCを利用しており、かつオフィスアプリを使っているなら、おすすめのアプリ。なお、iPad版のWordやExcelに搭載されている「描画」ツールとインターフェースは共通している。Windowsとの互換性以外の面では、数式や表を挿入したり、PDFはもちろんのこと、WordやExcelなどMicrosoftのオフィスファイルを添付できるのも便利。パスワード保護もできるので、漏洩するとまずいような重要なビジネス用メモの管理としても向いている。

このアプリの ポイント
- ●360度方向にキャンバスを拡大できる
- ●ホイール型のツールパネル
- ●レイヤーを使った編集が可能

キャンバスを無限に拡張できる多機能ノートアプリ

コンセプト

本格的なイラストを描く人にもおすすめの超多機能ノートアプリ

　この「コンセプト」は、MapNote 2やZoomNotesのように、キャンバスが無限に広がるタイプのノートだ。しかし、それだけがこのアプリの最大のポイントではない。ベクター描画形式を採用し、ほぼプロ向けといっていいブラシやカラーパレットなどが装備され

た、「手書きノート」というよりはイラストレーターの方に最適化されたタイプのアプリといえる。ベクター描画のため、拡大しても曲線や斜線がギザギザになることはない。マインドマップを際限なくキャンバスいっぱいに展開することができる。

　ほかのノートアプリと明らかに異なる要素として、ホイール型のツールが用意されている点も注目

したい。ホイール型ツールでは、外側にある各ボタンをタップすることでブラシや消しゴムなどのツールを切り替え、内側のホイールでは、選択中のツールの詳細設定を行うためのものになっている。

　さらに、レイヤー機能を搭載しており、本格的なイラストを描くこともできる。手書きノートとして使うこともできるが、どちらかというとiPadで本格的なイラストを

描く人におすすめのノートアプリだ。なお、無料プランで使い続けることもできるが、全機能を使う場合はサブスクリプションとなる（月額550円）。

コンセプト
作者／TopHatch, Inc.
価格／無料
カテゴリ
グラフィック/デザイン

コンセプトの基本的な操作方法

キャンバスを拡大縮小する

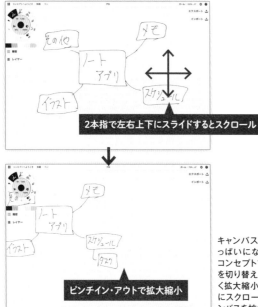

2本指で左右上下にスライドするとスクロール

ピンチイン・アウトで拡大縮小

キャンバスにメモがいっぱいになった場合、コンセプトではページを切り替えるのではなく拡大縮小、左右上下にスクロールしてキャンバスを拡大させる

ホイール型ツールの使い方

ホイール型ツールの使い方

外側でツールを選択する

内側で設定をする

::: 精密

☰ レイヤー

タップしてカラーを選択する

ホイール型ツールは外側がツール、内側が選択したツールの設定になっている。たとえば外側でペンの種類を選択し、内側で先の太さやカラーを選択しよう。中央の丸い部分をタップするとカラー選択ができる。

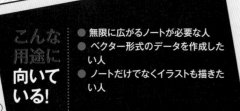

こんな用途に向いている!
- ●無限に広がるノートが必要な人
- ●ベクター形式のデータを作成したい人
- ●ノートだけでなくイラストも描きたい人

ホイールツールをカスタマイズする

ホイールツールの追加ボタンをタップ　1

ダブルタップする

「+」をタップする

ホイールツールの外側のツールをカスタマイズするには、「+」をボタンをタップするか外側のいずれかのボタンをタップする。

目的のブラシやツールを選択する　2

目的のブラシやツールを選択する

マイブラシが表示されるので、「基本」にあるブラシから目的のものをタップしよう。「ツール」から消しゴムやテキスト入力ボタンを選択することもできる。

カラーパレットをカスタマイズする　3

「カラー」をタップ

また「カラー」タブでは標準で表示するカラーパレットをカスタマイズすることができる。「新しいパレット」で自分の好きなカラーを指定できる。

グリッド機能や計測機能を使おう

グリッドを表示する　1

「精密」をタップ

「グリッド」をタップ

ホイールツール下の「精密」をタップするとメニューが表示される。「グリッド」をタップするとキャンバスの背景にグリッドが表示される。

グリッドタイプを変更する　2

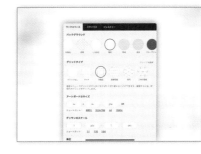

「精密」メニューの「グリッド」の右側の「16/64」をタップすると設定画面が表示される。ここでグリッドの設定を変更できる。

計測ツールを利用する　3

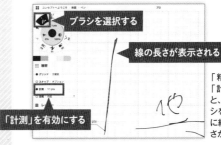

ブラシを選択する

線の長さが表示される

「計測」を有効にする

「精密」メニューにある「計測」を有効にしたあと、ホイールツールでブラシを選択する。キャンバスに線を書くと、その線の長さが表示される。

まとめ

ビジネスアプリというよりも本来はお絵かきアプリ

コンセプトは無限にキャンバスの大きさをカスタマイズできる特徴があるものの、アプリ全体としてはお絵描きアプリ的なインターフェースと仕様になっている。ドローツールやフォトレタッチアプリでおなじみの「レイヤー」機能は、メモを書いた付箋を重ねて使うのではなく、本来は細かなレタッチを行うために用意されているものだ。マインドマップやフローチャートの作成などビジネスアイデアをまとめるにもとても便利だが、それは副次的な使い方と考えておこう。

新しいトレンドである、スクラップノートを使いこなそう!

Frexcil 2

∙∙∙∙∙∙∙∙∙∙

文書ファイルから気になる箇所を切り抜き別のノートにまとめるスクラップ型のノートアプリが流行りはじめている。「Flexcil 2」は、今もっとも注目を集めているスクラップ型のノートアプリだ。初めて使うユーザーがつまづきやすいポイントを中心に解説していこう。

∙∙∙∙∙∙∙∙∙∙

名前:**Flexcil 2**
作者:**Flexcil Inc.**
価格:**無料(App内課金あり)**
カテゴリ:**仕事効率化**

文●河本亮

Flexcil 2の**ポイント**

1 とても特徴的な スタディノート!

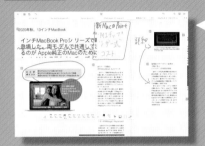

文書ファイルからスクラップした内容は、読み込んだ文書ファイルとはまったく別のスタディノートと呼ばれるもので管理される。このスタディノートがFlexcil 2の最大の特徴となる。

2 文書とノートの 自由な組み合わせ

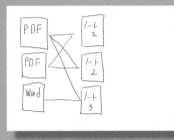

類似アプリの多くは文書ファイルとノートの関係が1対1で固定されているが、Frexcilは自由に複数の文書ファイルとノートを組み合わせることができる。

3 文書ファイルに 注釈を入力!

ノートアプリと同じように文書ファイルに対して直接、ハイライトや下線、手書きのドローイングなどの注釈も入力できる。しかし、一般的なノートアプリに比べ機能は限定的となる。

4 ジェスチャ操作を 覚えて使いこなそう!

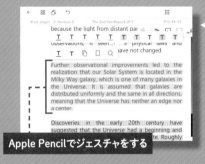

Apple Pencilでジェスチャをする

Flexcilはほかのノートアプリよりもジェスチャ機能が充実している。Flexcilを使いこなすにはApple Pencilを使った独自のジェスチャを事前に覚えおく必要がある。

Flexcil 2の **機能**

タブ/フォルダ/注釈/ペン/消しゴム/蛍光ペン/テキスト入力/スタディノート/ハイライト/
アンダーライン/ジェスチャ操作/多様なテンプレート/レーザーポインタ/
クラウドストレージ連携/

Flexcilとは
どんなアプリなのか？

● ○ ○ ○ ○ ○ ○ ○ ○ ○ ○

**複数の文書から要点を
まとめるのに便利なノートアプリ**

Flexcil 2はここ最近、iPadアプリで流行り始めているスクラップ型のノートアプリだ。PDFやWordなどの文書ファイルから範囲選択した部分を切り取り、ノート（スタディノートと呼ばれる）にスクラップしていくアプリだ。GoodNotesやNoteshelfが文書ファイルに直接注釈を加えるのに対し、Flexcil 2はPDFを見ながら別のノートに要点をまとめる使い方が主になる。学習ノートと同じようなことができるので仕事や勉強をするのに便利だ。

また、通常のノートアプリと同じく文書ファイルに対して直接下線やハイライトを引いたり、テキストや写真を挿入することもできる。まずは、基本的なFlexcil 2での作業の流れを把握しよう。

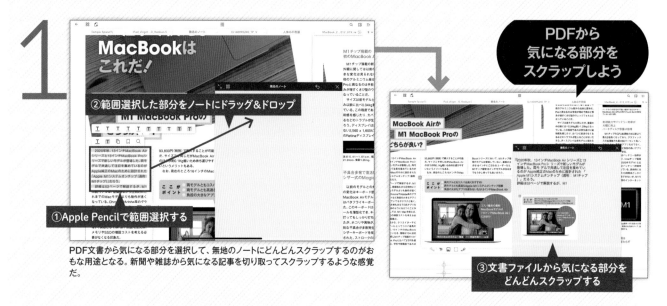

1
②範囲選択した部分をノートにドラッグ＆ドロップ
①Apple Pencilで範囲選択する

**PDFから
気になる部分を
スクラップしよう**

③文書ファイルから気になる部分を
どんどんスクラップする

PDF文書から気になる部分を選択して、無地のノートにどんどんスクラップするのがおもな用途となる。新聞や雑誌から気になる記事を切り取ってスクラップするような感覚だ。

2
**スタディノートを
タップすると
該当場所に移動する**

リンクをタップすると文書ファイルの該当場所へ

スクラップした内容にはリンクが貼られており、タップすると元の文書の該当部分をすぐに表示させることができる。

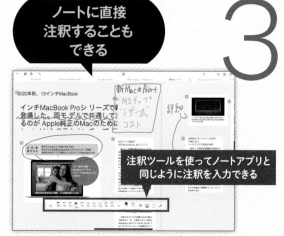

**ノートに直接
注釈することも
できる**

3

注釈ツールを使ってノートアプリと
同じように注釈を入力できる

スクラップしたノートもまた文書ファイルと同じように手書きで自由に注釈を入力したり、ハイライトやアンダーラインをひくことができる。

**類似アプリとの決定的な
違いは自由な組み合わせ**

一般的なスクラップ型ノートアプリは1つの文書ファイルに対して1つのノートしか関連付けができない。しかし、Flexcilは複数の文書ファイルから1つのノートにまとめることができる。これは数あるスクラップノートアプリでもFlexcil独自の機能で高い評価を得ている。さらに、ノートは複数作成でき、各ノートと文書ファイルの組み合わせも自由に行える。ほかの類似アプリとの比較は93ページを参照。

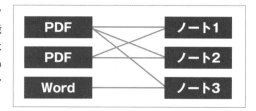

文書ファイルを読み込もう

○●○○○○○○○○○

PDF、Word、PowerPointを読み込む

まずは、文書ファイルをFlexcil 2に読み込んでみよう。Flexcil 2を起動すると表示される書類画面で右下にある追加ボタンをタップする。メニューが表示されたら読み込み先を選択し、注釈を入力するファイルを選択しよう。iCloudだけでなくDropboxやGoogleドライブなどクラウドストレージに接続してファイルを読み込むこともできる。

読み込み可能なファイル形式はPDF、Word、PowerPointなどの文書ファイルのほかにJPEGやPNGなどのイメージファイルを読み込むことができる。読み込んだ文書は、書類画面のサイドバーにある「ドキュメント」に追加される。

● Frexcil 2

1 ドキュメント画面で追加ボタンをタップ

①「ドキュメント」を選択
②タップ

Frexcil 2を起動したらサイドバーから「ドキュメント」を選択する。右下の追加ボタンをタップする。

2 読み込み先からファイルを選択する

フォルダを作成
クイックノートを作成
iPad端末内のファイルはここから
ファイル
オンラインストレージ接続
DropboxやGoogleドライブはここから

メニューが表示される。「ファイル」アプリからファイルを読み込む場合は「ファイル」、クラウドストレージから読み込む場合は「オンラインストレージ接続」を選択する。

3 ファイルがインポートされる

ファイルがインポートされ「ドキュメント」に追加される。タップするとファイルが開く閲覧画面に移動する。

POINT!

サイドバーからクラウドストレージにアクセスする

一度接続したクラウドサービスは書類画面のサイドバーに登録され、以降サイドバーから素早くアクセスしてファイルを読み込むことができる。

Split Viewでファイルを登録する

Frexcil 2はSplit Viewに対応しており、ほかのアプリからドラッグ＆ドロップしてファイルを登録することもできる。「ファイル」アプリなどのiPad標準アプリだけでなくDropboxなどクラウドサービスのアプリにも対応している。ただしPDFのみでイメージファイルやWordファイルの登録には対応していない。

ドラッグ＆ドロップする

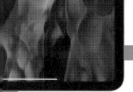

PDFに
注釈を入力しよう

○○●○●●●●●●●

ペンモードでPDFに手書きの注釈を入力する

　PDFを開いて実際に注釈を入力してみよう。ほかのノートアプリと少し仕様が異なり、Fl

excil 2には「ペンモード」と「ジェスチャーモード」の2つの注釈モードが用意されている。PDFに手書きによるドローイング作業をする場合「ペンモード」を利用しよう。

　ペンモードでは多彩なペン先をはじめ消しゴム、シェイプ、テキスト入力、写真挿入などのツールバーが表示される。利用するツールボタンを選択して、PDFに手書き入力を行

おう。このあたりはほかの一般的なノートアプリと同じ使い方だ。なお、開いたPDFは標準では左右スワイプでページをめくり、ピンチ操作で拡大縮小できる。

1

ペンモードに変更する

タップ

PDFを開くと画面上部にこのようなメニューが表示される。左端のドローイングボタンをタップしよう。なおこのメニューはドラッグして好きな場所に移動できる。

2

ツールを選択して注釈を入力

1 PDFをサムネイル表示させる
2 スタディノートの表示/非表示
3 ペン／各ペンをタップすると太さ、サイズ、カラーのカスタマイズできる。
4 消しゴム　5 定規／直線やきれいな図形を描ける　6 テキスト入力
7 写真の挿入　8 前の操作に戻る

3

ツールバーの位置を変更する

ドラッグして移動

ツールバーの位置はApple Pencilでドラッグすれば変更できる

線を直線化する

PDFにドローイングを入力する際、テキストにアンダーラインを引くときはペンの設定画面で「直線化」を有効にしよう。きれいな直線が描けるようになる。

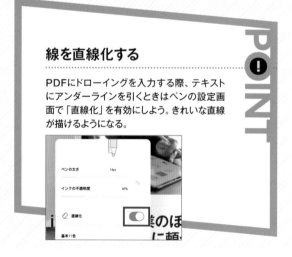

POINT

ツールバーをコンパクトにして表示領域を広くとる

　できるだけPDF内の情報をiPadに表示させて注釈作業をしたいならツールバーのサイズをカスタマイズしよう。画面

上部にあるツールバーアイコンをタップするとツールバーを少し縮小できる。もう1度タップするとさらに縮小し、現在使用しているペン、消しゴム、ジェスチャーモードへの切り替えボタンだけになる。

タップ

Frexcil 2

ジェスチャモードで注釈を入力する

○○○○●○○○○○○

ジェスチャによる簡単な操作できれいな注釈を入力できる

Flexcil 2特有の機能が「ジェスチャーモード」だ。Apple PencilとFlexcil 2で用意されているジェスチャ操作を組み合わせることで、簡単な操作でPDFに注釈を付けることができる。ハイライト、アンダーライン、ブックマークなどを付けたいときに便利だ。ツールバーのペンボタンをタップし、螺旋状のボタンにすることでジェスチャモードは有効になる。

ジェスチャモードを初めて使う人は、すぐに消えるドローイング線の使い方に慣れず、戸惑うことが多いだろう。ジェスチャモードは次に紹介するスタディノート作成でも利用するので、必ず理解しておこう。まずは、基本的なジェスチャーを覚えよう。

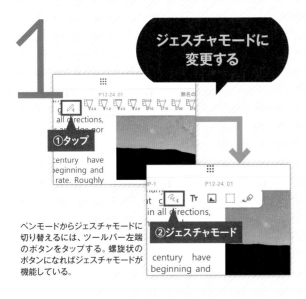

1 ジェスチャモードに変更する
①タップ
②ジェスチャモード

ペンモードからジェスチャモードに切り替えるには、ツールバー左端のボタンをタップする。螺旋状のボタンになればジェスチャモードが機能している。

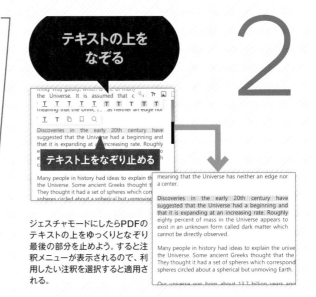

2 テキストの上をなぞる
テキスト上をなぞり止める

ジェスチャモードにしたらPDFのテキストの上をゆっくりとなぞり最後の部分を止めよう。すると注釈メニューが表示されるので、利用したい注釈を選択すると適用される。

3 対象を四角、L字形ジェスチャで囲む
②クリップボードボタンをタップ
①四角・L字形で囲み込む

テキストをクリップボードにコピーしたい場合は、なぞるのではなく対象部分を四角、またはL字形で囲み込むとコピーボタンが表示される。タップするとクリップボードにコピーされる。

4 囲い込んだあとに長押しして移動する
長押しして移動させる

四角やL字で囲い込んだあと、長押しして移動させるとその部分を複製することができる。

丸で囲む、左括弧ジェスチャーも知っておこう

範囲選択してハイライトやアンダーラインなどの注釈を付ける方法は、なぞる以外にも複数用意されている。たとえば、丸で囲って範囲を指定することも可能だ。また、行の左側を左括弧ジェスチャで範囲指定することで、その行をまるごと範囲選択することもできる。特に左括弧のジェスチャは覚えておくと注釈作業が楽になるだろう。

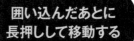

左括弧ジェスチャで範囲指定する

Frexcil 2

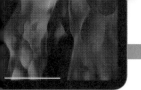

スタディノートを使って
重要な部分をメモする

**気になる箇所を
スタディノートに
貼り付ける**

Frexcil 2最大の特徴は「スタディノート」機能だ。左上にあるノートボタンをタップするか、ジェスチャモード利用中に三本指で画面下部から上へスライドしてみよう。スタディノートが表示される。このスタディノートに文書ファイルから気になる部分をどんどん貼り付けていこう。方法はジェスチャモードで範囲選択したあとペンを長押しして、スタディーノートにドラッグ＆ドロップすればよい。内容がスクラップされる。スクラップしたメモをタップするとすぐに該当箇所に移動、表示させることが可能だ。なお、作成されたスタディノートは文書ファイルと別に独立して書類画面に自動的に保存されている。

1

**スタディノートを
表示させる**

三本指で上へスワイプ

ペンモードでもジェスチャモードでもどちらでもよい。画面下部から三本指で上へスワイプしよう。スタディノートが表示される。

2

**気になる箇所を
ドラッグ＆ドロップ**

②ドラッグ＆ドロップする

①範囲選択して長押しする

内容を貼り付けるにはジェスチャモードに変更する。対象の部分を範囲選択したら長押ししてスタディノートにドラッグ＆ドロップしよう。

3

**スタディノートを
管理する**

「ノート」をタップ

作成したスタディノートは書類画面に自動で保存される。ドキュメントの「ノート」をタップすればPDFやほかの書類を非表示にしてスタディノートだけが表示される。

4

**タップして
元のPDFに
素早く移動する**

リンクをタップ

スタディノートに貼り付けた各メモの左上にあるリンクボタンをタップすると、該当のページに素早く移動できる。

**スクラップしたメモを
カスタマイズするには？**

スタディノートにスクラップしたメモの位置やサイズを変更したい場合は、ジェスチャモードにして対象のメモをApple Pencilで軽く長押ししよう。メニューが表示され浮いた状態になりサイズや位置を自由に変更できる。なお、強く押しすぎるとメニューが表示されず、またペンモードではカスタマイズできないので注意しよう。

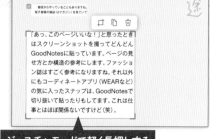

「あっ、このページいいな！」と思ったときはスクリーンショットを撮ってどんどんGoodNotesに貼っています。ページの見せ方とか構造の参考にします。ファッション誌はすごく参考になりますね。それ以外にもコーディネートアプリ（WEARなど）の気に入ったスナップは、GoodNotesで切り抜いて貼ったりもしてます。これは仕事とはほぼ関係ないですけど（笑）。

ジェスチャモードで軽く長押しする

スタディノートを使いこなす

○○○○○○●○○○○

スタディノートを全画面表示にして注釈を付けよう

作成したスタディノートは、文書ファイルの内容を切り貼りするだけでなく全画面表示にすることで、文書ファイル同様に注釈を付けることができる。ペンモード、ジェスチャモードのどちらにも対応しており、ドローイングを描いたり、テキストにアンダーラインやハイライトを付けることができる。ノートの余白が足りなくなったときは左右にスワイプすることでページを追加することもできる。

スタディノート表示中に画面下部から3本指をスワイプするとスタディノートが表示される。標準では同じノートが起動してしまうので、書類画面で開くノート（または文書ファイル）を選択しよう。

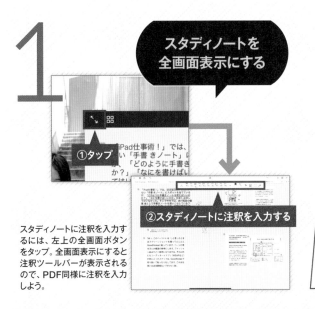

スタディノートを全画面表示にする

①タップ

②スタディノートに注釈を入力する

スタディノートに注釈を入力するには、左上の全画面ボタンをタップ。全画面表示にすると注釈ツールバーが表示されるので、PDF同様に注釈を入力しよう。

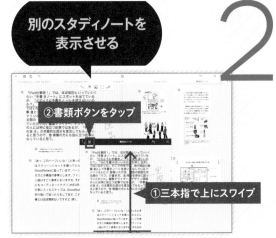

別のスタディノートを表示させる

②書類ボタンをタップ

①三本指で上にスワイプ

スタディノート表示中に画面下部から三本指で上にスワイプするとスタディノートが表示される。ただ、同じノートが表示されるので変更する必要がある。書類ボタンをタップする。

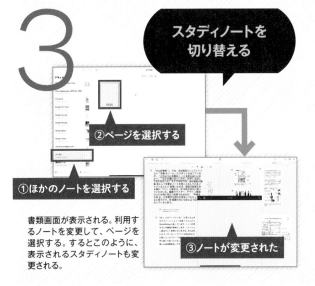

スタディノートを切り替える

②ページを選択する

①ほかのノートを選択する

③ノートが変更された

書類画面が表示される。利用するノートを変更して、ページを選択する。するとこのように、表示されるスタディノートも変更される。

POINT!

事前に別にスタディノートを作成しておこう

切り替えるスタディノートがない場合は、書類画面で作成しよう。書類画面左上にある追加ボタンをタップして「ノートの追加」から新たにノートを作成できる。

スタディノートだけでなく文書ファイルを表示することも可能

画面下部からスワイプして表示されるノートはスタディノートだけでなく別の文書ファイルでもよい。上記で示した方法と同じように書類画面に切りかえた際、スタディノートではなくほかの文書ファイルを選択すればよい。

● Frexcil 2

外部に バックアップする

○○○○○○○●○○○

手動でバックアップファイルを作る必要がある

Flexcil 2に保存しているPDFやノートなどはiCloudの同期には対応しておらず、手動で定期的に外部にバックアップ作業を行う必要がある。旧iPadから新iPadへ移行する際は必ず旧iPadでバックアップ作業をしておこう。バックアップは「設定」画面の「バックアップ」画面から行える。

「.frexcil」という独自のファイル形式に変換されるが、「ファイル」アプリやクラウドストレージなど好きな場所に書き出すことが可能だ。

新iPadにFlexcil 2をインストールしたらバックアップ画面からリストア作業を行おう。いったんバックアップファイルをFlexcil 2に直接読み込んでから復元作業を行う必要がある点に注意しよう。

1 バックアップ画面を開く

①タップ
②「バックアップ」をタップ
③「バックアップ」をタップ

書類画面左下の設定ボタンをタップする。設定画面から「バックアップ」を選択する。続いて「バックアップ」を選択する。

2 バックアップ先を指定する

①「ドキュメント」を選択
②「バックアップ」を選択
③保存先を選択する

バックアップするデータを選択する。全体をバックアップするなら「ドキュメント」フォルダを選択し「バックアップ」を選択。バックアップデータの保存先を指定する。

3 バックアップファイルをダウンロードする

保存先を選択する
バックアップファイルを選択する

新しいiPadで復元するには、PDFのインポート方法と同じ方法で書類画面左からクラウドストレージや「ファイル」アプリにアクセスしてバックアップしてファイルをダウンロードする。

4 バックアップファイルを読み込む

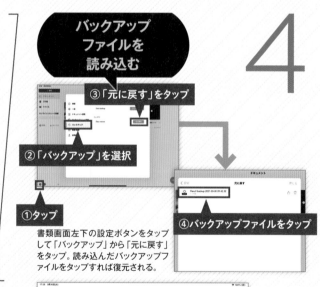

①タップ
②「バックアップ」を選択
③「元に戻す」をタップ
④バックアップファイルをタップ

書類画面左下の設定ボタンをタップして「バックアップ」から「元に戻す」をタップ。読み込んだバックアップファイルをタップすれば復元される。

Flexcilのバックアップデータも読み込める

Flexcil 2は前バージョンのFrexcilのバックアップデータも読み込むことができる。これまでFrexcilを使っていた人は上記の手順でデータの乗り換え作業を行おう。なお、Flexcil 2からFlexcilへのデータの移行は現在できない。

Flexcilのデータを読み込むと「Notebook」と「PDFs」のフォルダが作成される

Frexcil 2

より便利に使うための ピンポイントテクニック集

○ ○ ○ ○ ○ ○ ○ ● ○ ○

ページナビパネルを使いこなそう

Flexcil 2を初めて利用するユーザーの多くは、これまでのノートアプリとは異なる独特なインターフェースと操作になかなか慣れないだろう。ここでは、ユーザーがつまづきそうなポイントや、より快適に利用する設定を解説していこう。

特に覚えておきたいのは、画面右端から引き出すページナビだ。ページナビでは表示中PDFやスタディノートをポップアップでサムネイル表示させ、素早く目的のページにアクセスできる。また、Flexcil 2でPDFに入力した注釈一覧を確認して、指定した注釈に素早く移動することができ、スタディノートの場合は注釈のほか、作成したリンクメモに素早く移動できる。

1 ページナビパネルを表示させる

①ページナビボタンをタップ

②サムネイルタブをタップ

ページナビを表示するには右上端のページナビボタンをタップ。画面右からページナビが現れる。サムネイルタブをタップするとページをサムネイルで一覧表示してくれる。

2 入力した注釈を確認する

①注釈タブを開く

②「注釈」をタップ

Frexcil 2で入力した注釈を確認するには、右端の注釈タブをタップ。注釈が一覧表示される。タップするとその注釈箇所に移動できる。

3 スタディノートに貼り付けた内容を確認する

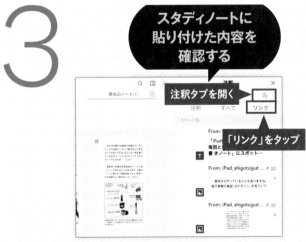

注釈タブを開く

「リンク」をタップ

スタディノートの場合は、ノートに入力した注釈だけでなくPDFから切り取ったリンクメモを分類して表示できる。「リンク」タブを開こう。

POINT PDFにお気に入りを登録する

PDFの気になる部分を素早く表示したい場合は、ジェスチャモードの注釈メニューでお気に入りに登録しよう。ページナビから素早く移動できるようになる。

①「お気に入りに」に登録

②ページナビから移動できる

①表示設定ボタンをタップ

②表示設定を変更する

表示形式を変更しよう

標準では見開きで横にスクロールする仕様になっているが、これらの表示設定は変更することができる。縦スクロールに変更したり、PowerPointファイルなどの閲覧に最適な4ページ表示もできる。表示設定を変更するには画面右上の表示設定ボタンをタップしよう。

● Frexcil 2

動作の安定した
Frexcilもおすすめ

○○○○○○○○●○

**前バージョンもまだ
販売されている**

Flexcil 2は、前バージョンの「Flexcil」のアップデート版だが、現在のところバグが多く動作が不安定だ。動作の安定性を重視するなら、前バージョンのFlexcilを利用しても良いだろう。

Flexcilは App Storeで現在も配信されており、インストールして利用することができる。インターフェースも操作も機能もそれほど変わらないが、最大の違いはスタディノート画面を全画面で表示しているときに別のスタディノートや文書ファイルを引き出せるか否かだ。また、スタディノートに貼り付けたメモのリンクをタップすると文書が全画面表示されてしまうなど微妙に仕様が異なる。基本的な機能は無料で利用できるので、2と使い勝手を比較してみよう

Frexcil 2

1

> インタフェースは
> Flexcil2と
> 変わらない

安定性の高いことで評価の高いFlexcil。基本的な操作、インターフェース、機能はFlexcil 2とさほど変わらない。書類画面のサイドバーでPDFとスタディノートを区別する。

2

> 1と2の違いを
> チェックしよう

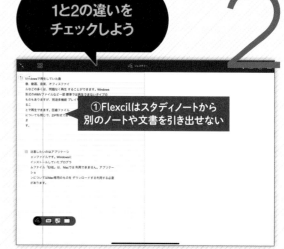

> ①Flexcilはスタディノートから
> 別のノートや文書を引き出せない

> ②Flexcil 2はスタディノートからでも
> 別のノートや文書をポップアップできる

Flexcil 2との最大の違いは、Flexcilではスタディノート表示中に別のスタディノートや文書ファイルを引き出せない。Flexcil 2では自由自在にスタディノートと文書ファイルを組み合わせて同時に表示できる。

3

> ペンの機能にも
> 少し違いがある

> 直線化する機能がない

Flexcilはペンのカスタマイズ画面に直線化する機能がない。しかし、定規ツールを併用することでそれなりに直線も描ける。

> 鍵アイコンのあるツールは課金する必要がある

**無料で試用して
良ければ課金しよう**

Flexcil 2は機能制限付きで無料でダウンロードして利用できる。PDFに簡単な注釈を入力したり、範囲選択してスタディノートに貼り付けるといった基本的な機能は利用できるので、まずは試してみて、使い勝手がよければApp内課金（2,580円）をして全機能を使いこなそう。

ほかのスクラップノートアプリも試してみよう

○ ○ ○ ○ ○ ○ ○ ○ ○ ●

**LiquidTextや
MarginNote 3も
スクラップできる**

文書内から指定した部分を切り貼りするスクラップアプリは、現在のiPadアプリのトレンドの1つでほかにもいくつかリリースされている。おすすめはLiquidTextとMarginNote 3だ。これらのアプリはFlexcilと同じくPDFから範囲指定した部分を切り取って別のエリアに保存できる。動作は安定しておりインターフェースや操作感もノートアプリと似ていて、Flexcilのような独自の操作性はなく直感的に利用できるのがメリットだ。

デメリットとして、Flexcilのように複数のノートと文書ファイルを自由に切り貼りしてリンクを貼ることはできない。基本的には文書ファイルとノートの関係は1対1となる。

おすすめアプリ：**LiquidText**（66ページで紹介）

初めてスクラップノートアプリを利用するなら、日本語対応しているLiquidTextがおすすめ。画像ファイルも読み込め、好きな場所を範囲選択して隣のエリアにドラッグ&ドロップするだけと簡単。

LiquidTextでは、スクラップしたメモ同士をマグネットのように接着することができ、簡単なフローチャートが作成できる。

おすすめアプリ：**MarginNote 3**（64ページで紹介）

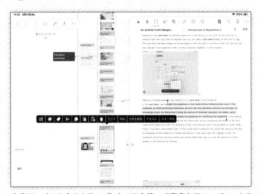

MarginNote 3のインターフェースはFlexcil 2とよく似ている。書類画面で文書ファイルとスタディノートが分類されている。ただし、現在は英語版のみで、非常に多機能なため初心者が使いこなすのは難しい。

文書ファイルからスクラップしたメモを使って高度なフローチャートやマインドマップを作成できるのがMarginNote 3のメリットだ。

まとめ

PDF注釈アプリとうまく使い分けるのがポイント

複数の資料からノートやレポートを作成するならFlexcil 2が断然おすすめだ。1から2へのアップデートで文書ファイルとスタディノートとの連携性が増し、また、タブ機能が追加されたことで複数の文書ファイルを同時に開けるようになり、これまで以上にノート作成が効率的にできるようになった。逆に文書ファイル自体への注釈機能や編集機能は少ないため、PDF Expertのような注釈アプリとうまく使い分けるのがポイントになるだろう。

これまでのアイデアメモアプリとは
まったく違う斬新な使い心地!

IdeaGrid

....

アイデアをワンフレーズで書き留めるだけのアプリは、後からまとめるのに苦労する。書き込むだけでフレーズの関係性を可視化し、アイデアをカタチにできるのがこのアプリだ。

名前:IdeaGrid for iPad
作者:KANTETSU WORKS
価格:3,420円
カテゴリ:仕事効率化

....

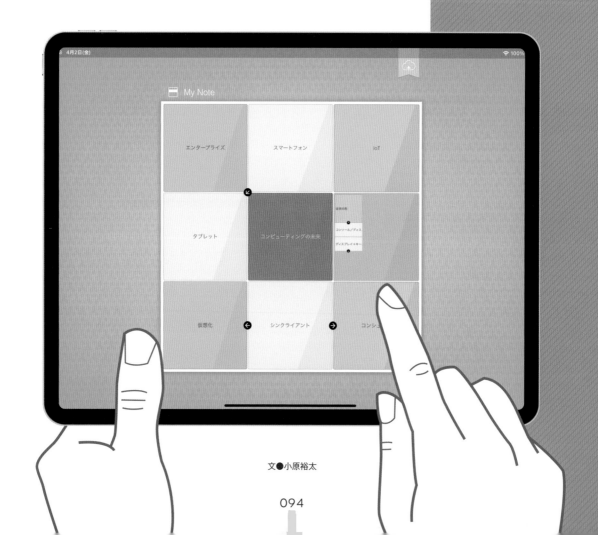

文●小原裕太

IdeaGrid の **ポイント**

1 アイデアの「ピース」を直観的に組み合わせる

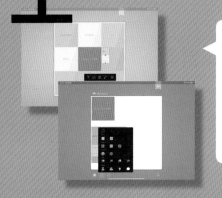

ピースと呼ばれる四角形を作り、その中にアイデアを書き留めていくことで、アイデア同士がどんどんつながっていく。操作もシンプルで直観的だ。

2 豊富なテンプレートで用途が広がる

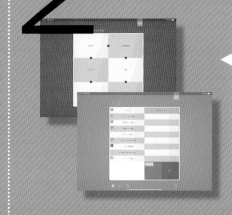

フローチャートやタスクリストなど、アイデアメモに留まらない、さまざまな用途に活用できる。これらはテンプレートからすばやく、簡単に作成可能。

3 写真の挿入や手描きにも対応

ピースには、iPadで撮影した写真や、任意のウェブページのスクリーンショット、さらには手描きの文字やイラストなどを挿入することができる。

4 クラウドへのバックアップ

書き留めたアイデアメモやタスクリストなどは、「ブック」という単位で編集、管理する。ブックは無料の専用クラウドサービスにバックアップできる。

IdeaGrid の **機能**

ブックの作成、ブックのバックアップと復元、ピースの作成、移動、サイズや背景色の変更、ピースの入れ子、画像ピース、手描きピース、Dropbox連携

まずはブック、ピースを作ってみよう

1

> アプリのホーム画面で「＋」をタップする

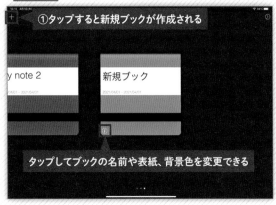

①タップすると新規ブックが作成される

タップしてブックの名前や表紙、背景色を変更できる

IdeaGridの基本的な編集単位となるのが「ブック」だ。ブックはアプリのホーム画面で「＋」をタップして作成でき、同じ画面でブックをタップすると、編集画面に切り替わる。

2

> ドラッグしてピースを作成する

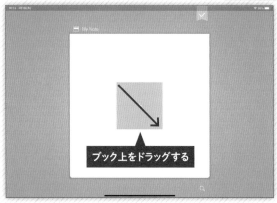

ブック上をドラッグする

ブックの編集画面では、マス目のある用紙上に「ピース」を作成する。ピースはテキストを入力したり、写真を表示したりするための枠で、用紙上をドラッグした長さに合わせて大きさが決定される。

3

> ピースにテキストを入力する

「T」をタップする

ピースの作成直後、あるいはピース内の「＋」をタップすると、ツールバーが表示されるので、ここで「T」をタップする。

②「↑」をタップする

①テキストを入力する

白紙の入力画面に切り替わるので、テキストを入力する。入力が完了したら、「↑」をタップする。

ピース内に入力したテキストが表示される。テキストを再編集するには、目的のピースをタップすると入力画面に切り替わる。

ブック内にピースを作り、テキストを入力する

まずは基本的な編集単位であるブックを作成し、その中にピースを作成して、そこにテキストなどを入力する。このピースこそがIdeaGridの最大の特長で、形状が四角形に限定される上、作成時にブックのマス目に吸着するため、自ずとピースが整然と並ぶことになる。一般的なマインドマップアプリのように、白紙の上に自由に図を配置できる自由度の高さとは対照的だが、そうしたアプリはむしろ使いづらいという人にはIdeaGridの方がなじみやすいだろう。

ブックの編集画面右下にある虫眼鏡のアイコンをタップすると、キーワードを入力してピース内のテキストを検索できる。また、編集画面右上のしおりを下にドラッグすると、アプリのホーム画面に戻る。

ピースの基本操作を
マスターしよう

○ ● ○ ○ ○ ○ ○

1

ピースのカラーを変更する

②タップして色を選択する

①長押しで選択する

ブックに配置したピースは、長押しすると選択される。この状態でブック左下のカラーアイコンをタップすると表示される一覧から目的のカラーを選択しよう。選択したカラーに合わせて、ピースに入力されたテキストのカラーも変わる。

2

ピースを移動する

ピースを選択してドラッグする

ピースを選択してから、そのままドラッグすると、ブック内の別の位置に移動できる。ただし、他のピースに重ねて配置することはできない。

3

ピースのサイズを変える

ハンドルをドラッグする

ピースを選択すると、ピースの右下にハンドルが表示される。これをドラッグすると、ピースの大きさを変更できる。ドラッグ中も作成時と同様に、ブックのマス目に吸着する。

4

ピースを削除する

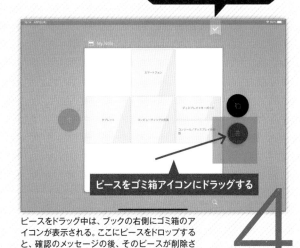

ピースをゴミ箱アイコンにドラッグする

ピースをドラッグ中は、ブックの右側にゴミ箱のアイコンが表示される。ここにピースをドロップすると、確認のメッセージの後、そのピースが削除される。

● IdeaGrid

ピースを自由自在に操作する

ブック上に作成したピースは、背景のカラーや大きさを変更したり、ブック内での位置を変えたりできる。そのためには

まず、ピースを選択する必要があるが、その際ピースを長押しするということを覚えておこう。単にタップしてしまうと、ピースの編集画面に切り替わってしまい選択できないためだ。ピ

ースの移動中や大きさの変更中も、作成時と同様にブックのマス目に吸着するので、ピースが不規則に並ぶことはない。

ピースのドラッグ中は、ブックの左右にアイコンが表示され

る。ゴミ箱のアイコンは上の手順のようにピースを削除するためのもので、その上のアイコンにピースをドラッグ＆ドロップすると、同じピースがブック内に複製される。

テンプレートを
使ってみる①

○ ○ ○ ● ○ ○ ○

1

テンプレートを呼び出す

グリッドボタンをタップする

ブック上にピースを作成して、ツールバーの右端の「グリッドテンプレート」ボタンをタップする。

2

テンプレートが一覧表示される

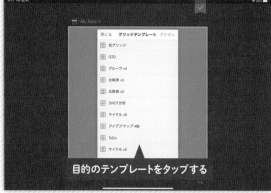

目的のテンプレートをタップする

「グリッドテンプレート」のウインドウに、収録されているテンプレートが一覧表示される。ここでは、フローチャート向けのテンプレートである「サイクル×6」をタップする。

3

フローチャートが作成される

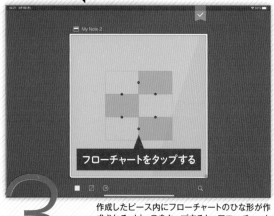

フローチャートをタップする

作成したピース内にフローチャートのひな形が作成される。ピースをタップすると、フローチャートの編集画面に切り替わる。

4

テキストを入力してフローチャートを完成させる

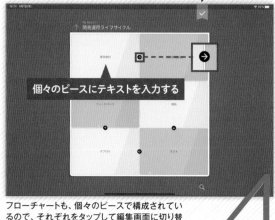

個々のピースにテキストを入力する

フローチャートも、個々のピースで構成されているので、それぞれをタップして編集画面に切り替えながらテキストを入力する。テンプレートを使っているので、フローを示す矢印がそれぞれのピースに設定済みになっている。

テンプレートを使ってすばやくチャートを作る

　IdeaGridには、アイデアの整理やフローチャートの作成などに役立つテンプレートが豊富に収録されており、上の手順のように操作することでそれらを呼び出すことができる。テンプレートを使うと、そのテーマに合わせた必要なピースが作成済み、かつレイアウト済みの状態で、元のピース内に配置される。

　あとはそれをひな形にして、必要に応じてテキストなどを入力すればいいので、フローチャートをすばやく作りたいといった場合に活用しよう。

　なお、テンプレートを使って

ひな形を配置した後でも、ひな形内の個々のピースは、通常のピースと同様に移動したり、削除したりして、レイアウトを変更することができるので、オリジナルのデザインを追求可能だ。

テンプレートを使ってみる②

○○○○●○○

1

「ToDo」のテンプレートを選択する

「ToDo」をタップする

前ページと同様に操作して「グリッドテンプレート」のウインドウを表示し、「ToDo」をタップする。

2

タスク管理用のリストが作成される

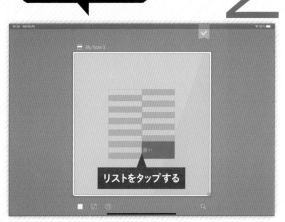

リストをタップする

作成したピース内にタスク管理用のリストのひな形が作成される。ピースをタップすると、タスク管理リストの編集画面に切り替わる。

3

タスクを入力し、アイコンを付ける

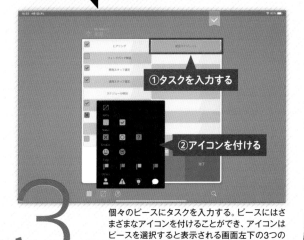

①タスクを入力する

②アイコンを付ける

個々のピースにタスクを入力する。ピースにはさまざまなアイコンを付けることができ、アイコンはピースを選択すると表示される画面左下の3つのアイコンのうち、中央のアイコンをタップして選択する。

4

完了したタスクを移動する

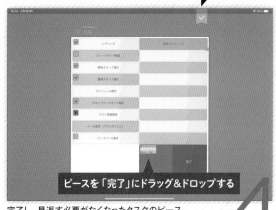

ピースを「完了」にドラッグ＆ドロップする

完了し、見返す必要がなくなったタスクのピースは、リスト右下の「完了」のピース上にドラッグ＆ドロップする。IdeaGridではピースの中に別のピースを入れ子として配置することができる。

タスク管理もIdeaGridでできる!

　テンプレートの「ToDo」を利用すると、タスクリストをすばやく作成できる。タスクとは「やるべきこと、忘れてはいけないこと」のこ

とで、それをリスト化することで、作業の進捗状況を直観的に把握できるようになり、完了したタスクと未完了のタスクを視覚的に仕分けることができて便利だ。iPadにも標準で「リマインダー」アプリが

搭載されており、タスク管理に活用している人も多いことだろう。
　IdeaGridのタスクリストでは、個々のピースそれぞれに1件ずつのタスクを入力する。タスク管理に付き物の完了／未完了を示す

チェックボックスは、アイコンとして付けることができる。また、完了して見返す必要もなくなったタスクは、そのピースを画面右下の「完了」のピースにドラッグ＆ドロップして移動しよう。

このアプリの特徴的な テクニックはこれ！

○ ○ ○ ○ ○ ● ○

1

ドラッグ&ドロップする

ピースを他のピースに重ねるようにドラッグ&ドロップする。

ピースを他のピース にドラッグ&ドロップ して入れ子にする

ピースが入れ子になる

ドロップ先のピース内に、ピースが内包されて入れ子になる。入れ子にした ピースを編集するには、親のピースをタップして編集画面に切り替える。

入れ子のピースを 外に出す

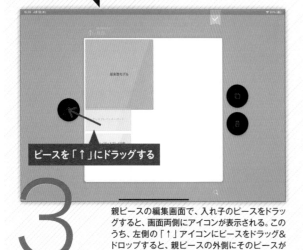

ピースを「↑」にドラッグする

3

親ピースの編集画面で、入れ子のピースをドラッグ すると、画面両側にアイコンが表示される。この うち、左側の「↑」アイコンにピースをドラッグ& ドロップすると、親ピースの外側にそのピースが 移動し、入れ子ではなくなる。

ピースに 写真などを入れる

ピース作成時のツールバーで、左から2番 目のボタンをタップすると、ピース内に写真を 配置できる。3番目のボタンでは指定したウェ ブページのスクリーンショットを、4番目のボ タンでは手書きの文字やイラスト、図などを 配置できる。

写真　**手描き文字、イラスト**

ウェブページのスクリーンショット

POINT

アイデアの整理に役立つ、 ピースの入れ子テクニック

　ブック上のピースは重ねて配 置することはできないが、ピー スの中に別のピースを入れ子と して内包することができる。

　P.099で紹介しているタスクリ ストのテンプレートでも、完了 して見返す必要がなくなったタ スクのピースを、「完了」のピー スにドラッグ&ドロップして入 れ子にしている。このように、ブ

ック内で数が増えてきたピース を整理する、同一テーマでまと めるといった用途に積極的に使 っていきたいテクニックだ。入 れ子の親となるピースは、タッ プすると編集画面に切り替わ

る。ここで入れ子のピースを 「↑」アイコンにドラッグ&ドロ ップすれば、親ピースの外に出 すことができる。また、通常の方 法で親ピース内に新たなピース を作成することも可能だ。

バックアップはクラウドに

○ ○ ○ ○ ○ ●

1

IdeaGrid Cloudに登録する

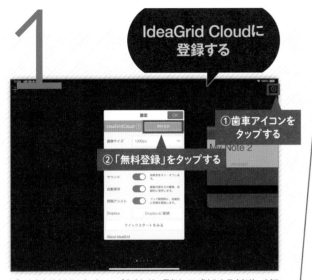

①歯車アイコンをタップする

②「無料登録」をタップする

ブックをクラウドにバックアップするには、最初にアプリのクラウドサービスに登録する必要がある。アプリのホーム画面で歯車アイコンをタップし、「無料登録」をタップする。

2

ユーザー名などを入力する

①ユーザー名などを入力する

②チェックを入れる

③「新規登録」をタップする

ユーザー名、メールアドレス、パスワードを入力し、利用規約に同意して、「新規登録」をタップする。しばらくすると届くメールの案内に従い、アプリ内でログインする。

3

バックアップを実行する

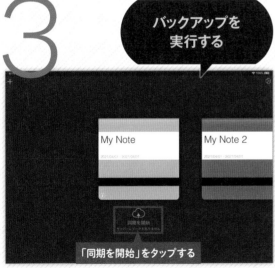

「同期を開始」をタップする

ホーム画面で目的のブックを中央に表示して、「同期を開始」をタップすると、そのブックがクラウドにバックアップされる。無料プランでは、最大10個、100MBまでのブックをバックアップできる。

POINT

Dropboxにバックアップする

ブックは、Dropboxにバックアップすることもできる。純正のクラウドサービスで容量に不足を感じる場合はこちらを使おう。バックアップするには、ブックの「i」をタップすると表示される画面で「バックアップ」をタップする。

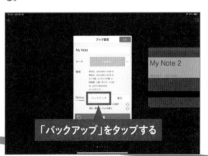

「バックアップ」をタップする

● IdeaGrid

まとめ

「整理」に気を取られずに、アイデア出しに集中できるのが魅力!

次々に浮かぶアイデアを書き留めて、企画提案や製品コンセプト作りなどに活かすためのアプリは数多いが、そのほとんどは白紙の上に図やテキストなどを自由に書くというものだった。この自由度の高さに馴染めない、あるいは書き留め

た後に見返してもよく分からないという人に最適なのがIdeaGridだ。

制約があるからこそ、ピースに書き留めた内容は自然に整理整頓されるため、「整理」に気を取られずに済むことがこのアプリの魅力で、極めてシンプルで直観

的に操作できるのもうれしい。さらに、こうしたアプリでは珍しく、テンプレートが豊富に備わっているため、アイデアメモ以外の用途にも活用の幅が広がる。やや高価なアプリだが、iPadに常備しておいても損はないはずだ。

予定管理＋思考の整理を1アプリで！
デジタル＆アナログのハイブリッドカレンダー

Planner for iPad

············

デジタルのカレンダーと、手書きのスケジュール帳
の両方を備えたハイブリッド式のカレンダーが、
「Planner for iPad」。付箋やマスキングテープな
ども貼り付けられ、まさに手帳感覚で楽しく予定を
管理できる！

名前：Planner for iPad
作者：Takeya Hikage
価格：無料（アプリ内課金あり）
カテゴリ：仕事効率化

············

文●小暮ひさのり

Planner for iPadの**ポイント**

1 手帳のように自由にメモを書き込める!

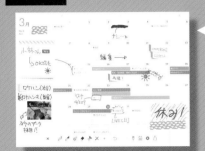

好きな場所に文字を書き込め、付箋やマスキングテープも自由に貼って、自分好みの情報整理が行える。使い勝手はまさに紙の手帳そのままだ!

2 自由に動かせる付箋で効率的な目標設定・管理

好きなだけ付箋(リフィル)が使えるのもこのアプリのポイント。その日のタスクや目標を付箋で管理して割り振るといった、管理術も効率的だ。

3 スクラップボード的にメモを整理整頓できる!

iPadを常時表示にして、卓上のボードのようにメモを貼り付けておけば、思いついたことを即座にメモしたり、タスクや思考の整理にも効果大。

4 リフィルやスタンプを購入してシステム手帳のように機能を拡張

「ステーショナリーショップ」ではスタンプやリフィルを購入できる。リフィルは用途に合わせてさまざまなデザインが用意されていて、さまざまな業務・学習でのメモに利用できる。

Planner for iPadの **機能**

多彩なカレンダー表示スタイルの変更、自由に書き込めるペン入力、付箋(リフィル)貼り付け、マスキングテープ装飾、スタンプ、標準カレンダー・Googleカレンダーを表示、写真の貼り付け

独立した4つのビューモードで
マルチな思考整理が行なえる

● ○ ○ ○ ○ ○ ○

1

カレンダーの表示単位を変更する

「表示切り替え」ボタンから、年・月・週・週（レフト式）・1日と、それぞれの表記へ切り替えることが可能。ノートや貼り付けたリフィルだけをピップアップすることもできる。

2

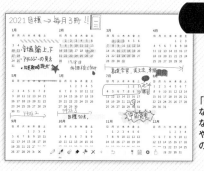

年

「年」表示は、細かなスケジュールではなく、年間計画などや目標を管理するのに有効。

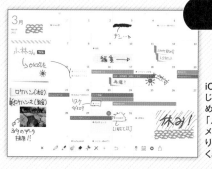

月

iOSカレンダーと同じく月間予定をひとめでチェックできる「月」表示。左側にメモスペースもあり、メモや付箋を置くことができる。

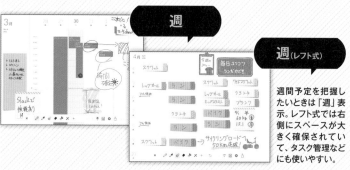

週

週（レフト式）

週間予定を把握したいときは「週」表示。レフト式では右側にスペースが大きく確保されていて、タスク管理などにも使いやすい。

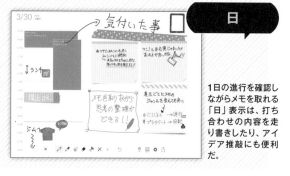

日

1日の進行を確認しながらメモを取れる「日」表示は、打ち合わせの内容を走り書きしたり、アイデア推敲にも便利だ。

用途ごとにスケジュールの表示を変更できる

「Planner for iPad」はiOS標準のカレンダーと同期し、予定を読み込んでくれる。表示は「年」「月」「週」「週（レフト式）」「1日」などから変更可能。それぞれの表示で、画面のどこにでもメモを書き込めるのが最大の特徴だ。多くのスケジュールアプリは手書きできる領域が決められているが、このアプリでは紙の手帳のように、自分の好きな場所に自由にメモを書き、リフィル（付箋）やマスキングテープ、スタンプで装飾できる。

それぞれのツールの使い方は順に紹介していくので、まずは表示の切り替え方法と、自分のスタイルに合った表記を見つけるところからスタートしよう。もちろん、全ての表記を並行して使い分けてもいい。

Googleカレンダーの予定を同期させることもできる

○ ● ○ ○ ○ ○ ○

iPadにGoogleアカウントを追加する

①「アカウントを追加」からGmailアカウントを追加する

②「カレンダー」をオンにする

「設定」→「カレンダー」→「アカウントを追加」からGmailのアカウントを追加。アカウントでは「カレンダー」をオンにしておく。

カレンダーをGoogleカレンダーと同期

Googleカレンダーの予定が表示される

iOS標準のカレンダーにGoogleカレンダーが追加。Googleカレンダーを確認できるようになる。

Googleアカウントにチェックが入っていることを確認

「Planner for iPad」の設定ボタンから「カレンダーの一覧」をタップ。追加したGoogleアカウントが有効になっていることを確認すればOK。Googleカレンダーの予定が追加される。

Googleカレンダーの予定をチェック!

● Planner for iPad

Googleカレンダー派もPlannerで予定をチェック

日々の予定をGoogleカレンダーで管理しているユーザーも多い。「Planner for iPad」は標準カレンダーの予定を読み込んでいるので、Googleカレンダーの予定を表示・記入したいなら、標準カレンダーアプリにGoogleアカウントを追加してやればいい。方法は「設定」→「カレンダー」からGoogleアカウントを登録して、カレンダーを有効にする。標準カレンダーにGoogleカレンダーの内容が同期されれば、「Planner for iPad」側でもGoogleカレンダーを表示できるようになる。

また、ホテルの宿泊予約や乗り換えアプリの検索結果などを標準カレンダーに追加した際は、それらも「Planner for iPad」側に反映されることも覚えておこう。

手書きで予定を記入
基本的なPlannerの使い方①

○ ○ ● ○ ○ ○ ○

**ペンツールで
メモを書く**

1

**ペンツールから
色、太さを選ぶ**

ペンツールを選択し、ペンの色や太さを決めて書き込む。記入後の変更は不可なので、内容・ジャンルによって色や太さを固定化するといい。

**ラインマーカーで
メモを目立たせる!**

2

ラインマーカーツール

半透明のマーカーツールでは、ラインマーカーを引くことができる。メモを目立たせたい場合などに活用していこう。

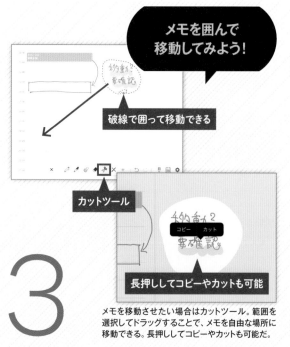

**メモを囲んで
移動してみよう!**

破線で囲って移動できる

カットツール

長押ししてコピーやカットも可能

3

メモを移動させたい場合はカットツール。範囲を選択してドラッグすることで、メモを自由な場所に移動できる。長押ししてコピーやカットも可能だ。

ジェスチャーを有効にして
操作効率アップ

POINT !

「設定」ボタンから「ジェスチャー設定」を開くとジェスチャーの設定ができる。「日付タップでカレンダー切替」はかなり便利なので、ぜひ有効にしておこう。

有効推奨

**ペンツールやマーカーで
どんどんメモしていこう!**

ペンでの入力は、ツールリストからペンツールを選んで、色・太さを指定し、タッチペンで画面に描くだけでいい。何度も説明しているが、画面の好きな場所にメモすることができるのがこのアプリの利点だ。必要な情報をどんどんメモしていこう。こうして記入したメモを消すには消しゴムツール。メモを移動させたい場合はカットツールで範囲を選択して、ドラッグすればOK。基本的な描画操作は他のアプリと大差なく、直感的に利用できる。

なお、ジェスチャーの設定から「日付タップでカレンダー切替」を有効にすると、カレンダーの日付部分をタップすることで、「日」表示へと素早く切り替えられるようになる。使い勝手がよくなるので、必須の設定だ。

Planner for iPad

スタンプや付箋で要点整理
基本的なPlannerの使い方②

○ ○ ○ ○ ● ○ ○

1

スタンプはチェックや見出しに便利

色や大きさを変更可能

スタンプのジャンル切り替え

スタンプの上に文字も書ける

スタンプツール

スタンプツールを開くと、さまざまなスタンプを選べる。ワンポイントで目立たせたり、スタンプの上に文字を書くことも可能だ。

2

付箋やマステ・写真を追加しよう

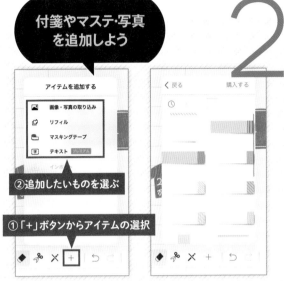

②追加したいものを選ぶ

①「+」ボタンからアイテムの選択

「+」ボタンから写真やリフィル（付箋）、マスキングテープなどを貼ることができる。付箋は横長のものと正方形の大判がある。

3

リフィルはメモを書いて移動できる

ドラッグで移動できる

リフィルにメモを記入しよう。ToDoリストなど、タスク管理に便利な付箋などもあるので、情報整理・タスク整理にも活躍する。

POINT

あのメモどこだ？はリフィル表示から探そう

カレンダー切り替えボタンから「リフィル」を選ぶとリフィル（付箋）だけを一覧表示できる。付箋でメモした予定を見失った時などはこの機能から探し出そう。

付箋をタップすると、貼り付けてあるページへとジャンプする

Planner for iPad

スタンプや付箋を上手く使えば手帳はもっと見やすくなる

　紙の手帳のいいところは、好きな情報を挟んだり貼ったりできるという、情報のスクラップ性の高さもある。こうした利点を「Planner for iPad」も備えている。「+」ボタンをタップすると、iPad内の画像を参照して貼り付けたり、リフィル（付箋）を貼り付けてメモを記入したり、マスキングテープで装飾したりと、実際の手帳のような「スクラップ」式のレイアウトが可能。リフィルの上に書いたメモは、リフィルごと動かせるので、情報整理の効率もアップする。

　また、ワンポイントで使えるスタンプも便利。メモを目立たせたり、見出しにも使えるので、適宜活用していこう。スタンプを見出しにするだけでも、メモはかなり見やすくなるはずだ。

リフィルを使った
おすすめの2段階タスク整理術

○○○○●○

1

**1日のタスクを
リスト化する!**

②自分のタスクと発注する
タスクで付箋を作成

①タスクを洗い出す

週のタスク整理にはチェックシートのリフィルが便利。まずはやることをまとめて洗い出してしまおう。その後「自分のタスク」「他人に頼むタスク」で分類していくといい。

2

**タスクをリフィルに
割り振る**

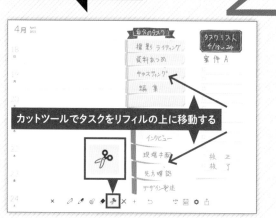

カットツールでタスクをリフィルの上に移動する

タスクを自分と他人に割り振っていこう。この際はカットツールで囲んで、リフィルの上に移動させればいい。

3

**リフィルで
スケジュールを
組んでいく**

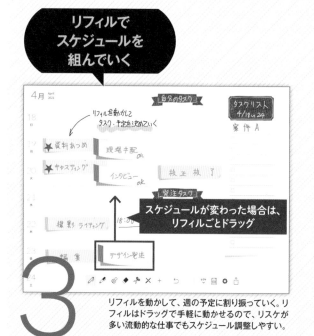

スケジュールが変わった場合は、
リフィルごとドラッグ

リフィルを動かして、週の予定に割り振っていく。リフィルはドラッグで手軽に動かせるので、リスケが多い流動的な仕事でもスケジュール調整しやすい。

POINT!

カロリー計算や献立の記録にも
使ってみよう!

手帳を追加して切り替えられるので、ダイエットの記録や献立のメモ、日記などさまざまなシーンで活用できる。写真を貼れるのも便利だ。

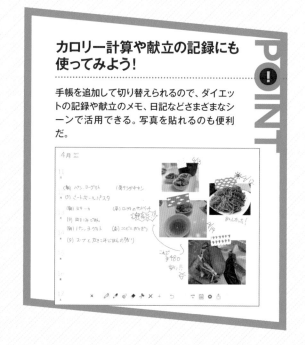

**ビジネスパーソン必見の
リフィルでのタスク管理**

　チェックシートのリフィルは、リスト式にやるべきことの全体像を洗い出す場合に便利。しかし、単純にタスクを書き出しただけでは、タスク全体が見えただけで、順序付けや進行までは把握できない。これでは、タスク管理としては不十分だ。

　そこでもう1種、小さなリフィルを用意しよう。洗い出したタスクをそちらに割り振って（カット＆ペースト）、タスクを行う日へと割り振っていこう。これで、タスクの進行までひと目で確認できるようになる。

　この2段階整理は、一見手間のようにも思えるが、思考を整理しつつタスクを割り振れるので、行程ヌケなどのミスを減らすことができる。リフィルは手軽に動かせるため、スケジュール調整に対応しやすいのも利点だ。

Planner for iPad

メモを書き出し・印刷
バックアップをマスターする

○ ○ ○ ○ ○ ●

1

書き込んだメモごと画像で保存

画面下部の「アクション」ボタンをタップすると、PNG形式の画像ファイルとして、ページの書き出しが行なえる。

2

「メール」でメモの画像を共有

共有方法から「メール」を選べば、メモの画像を添付して送信できる。AirPrint対応プリンターがあれば、プリントアウトも可能だ。

3

クラウドを使えばiPhoneとも同期可能

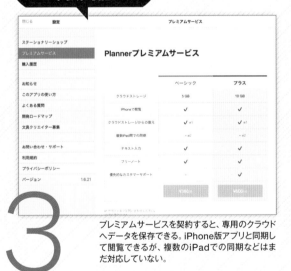

プレミアムサービスを契約すると、専用のクラウドへデータを保存できる。iPhone版アプリと同期して閲覧できるが、複数のiPadでの同期などはまだ対応していない。

POINT

ステーショナリーショップでスタンプやリフィルを拡張

「設定」の「ステーショナリーショップ」では、スタンプ、リフィル、マスキングテープなどを購入可能。リフィルは50ポイント=120円から。システム手帳にシートを追加する感覚で機能拡張できる。

● Planner for iPad

作成したメモの書き出しや有料の専用ストレージもある

作成した手書きメモは画面右下の「アクション」ボタンから画像（PNG）形式で、書き出すことができる。iPad内に保存したり、プリントアウトしたり、メールに添付して送信も可能だ。画像化されてしまうため、編集は不可だが、書き留めた内容を共有したい場合などに活用していこう。進行メモをプリントアウトして、ボードに掲示したりと、出力すると便利なシーンも多いはずだ。

なお、月額360円からのプレミアムサービスを契約すると、専用のクラウドストレージも利用可能。条件付きでクラウドストレージからの復元も可能としている。ただし、まだ開発中なので、利用は機能が充実してからでも良いかもしれない。

Accelerate Your iPad
Working Style!!!!

iPad
仕事術！
SPECIAL 2021

2021年4月30日発行

執筆
河本亮
小原裕太
小暮ひさのり

カバー・本文デザイン
ゴロー2000歳

本文デザイン・DTP
西村光賢

撮影
鈴木文彦(Snap!)

編集人 内山利栄
発行人 佐藤孔建
印刷所 株式会社シナノ
発行・発売所 スタンダーズ株式会社
〒160-0008　東京都新宿区四谷三栄町12-4
竹田ビル3F
電話:03-6380-6132

©standards 2021
Printed in Japan

全国の書店さん、
ネット書店にて
絶賛発売中!!